GEORGETTE RIVERA

Tus pies también hablan

D1558779

punto de lectura

TUS PIES TAMBIÉN HABLAN
D.R. © Georgette Rivera, 2010

 punto de lectura

De esta edición:

    D.R. © Santillana Ediciones Generales, SA de CV
    Universidad 767, colonia del Valle
    CP 03100, México, D.F.
    Teléfono: 54-20-75-30
    www.puntodelectura.com.mx

Primera edición en Punto de Lectura (formato MAXI): marzo de 2010

ISBN: 978-607-11-0436-6

    Diseño de cubierta: Ana Paula Davila
    Lectura de pruebas: Yazmín Rosas

Impreso en México

GEORGETTE RIVERA

Tus pies también hablan

Identifica tu personalidad, el pasado
y el futuro a través de los pies

Contenido

PROLOGO

Hace seis años y medio, la dueña de una librería me presentó a la doctora y autora Georgette Rivera y desde esa vez percibí una auténtica compasión en su mirada capaz de traspasar las apariencias.

Leí su libro con mucha curiosidad para saber lo que mis pies podían decir. *Podomancia* era una palabra nueva para mí, al igual que otras mancias contenidas en esta nueva edición. Al comprender el valor que de este arte adivinatorio en la vida de Georgette, le pedí una cita para experimentar juntas un viaje hacia el interior de mi alma. Puse mis pies en sus manos y ella comenzó a leer lo que yo había escrito en mi vida. Se ganó mi credibilidad por la honestidad con la que me recibió, la disciplina con la que ejerce su pasión, la entrega con la que desarrolla sus terapias pero sobre todo por la asertividad de sus palabras.

Cada ser humano que entra a su consultorio es un libro abierto dada su capacidad de analizar a las personas, desde la forma de caminar hasta el tipo de calzado. Estos elementos indiscretos revelan los secretos ocultos de nuestra conciencia y con la guía de las páginas de este libro es posible aprender a liberar energías que nos impiden evolucionar.

La mayoría de la gente subestima lo que está más lejos de su cabeza hasta que, cansada de caminar, siente sus pies a punto de reventar. Olvidamos que éstos nos sostienen casi la mitad de nuestra vida.

El pie es símbolo de la fuerza del alma, según el científico austriaco Paul Diel, a ellos debemos la postura erguida, característica del hombre. Lo anterior se encuentra claramente ejemplificado en personajes de la mitología griega: la vulnerabilidad de Aquiles, la cojera de Efesto y los "pies hinchados" de Edipo.

La doctora Georgette encontró en la textura, aroma, forma y otras características de los pies un canal abierto para descubrir los puntos fuertes y débiles de las personas que desean avanzar en su camino espiritual.

Esta práctica la sigue perfeccionando gracias a que su padre reconoció que la pequeña tenía el don de la clarividencia y a los ocho años de edad fue elegida por monjes tibetanos que le ayudaron a desarrollarlo con sabiduría y responsabilidad.

Tienes en tus manos un tesoro de información fundamentada que te permitirá autoevaluar y mejorar hábitos, así como descubrir características físicas que denotan karmas que puedes saldar.

Georgette Rivera te mostrará cómo puedes renovar tu corazón a través del perdón, además de enseñarte que el tiempo siempre está a nuestro favor cuando lo usamos para encontrar respuestas basadas en aquellos impulsos que nos hacen tomar decisiones en el presente.

Claudia Cervantes
3 de marzo del 2010, México, D.F.

Dedico este libro a todos aquellos que han tenido la confianza de poner sus pies en mis manos y años o meses más tarde regresan y me vuelven a confiar las plantas con las que a diario se hacen camino.

Georgette Rivera.
Houston Texas, 24 nov 2009.

Agradezco en este libro la confianza de amigos que siempre han estado ahí y a quienes respeto profundamente por su filosofía de vida, por permitirme estar cerca y compartir con ellos momentos irrepetibles.

Ray, Peque, Ale, Marce, Paty, Itzel, Lupita, Gloris, Rafael, Victoria, Giselle, Juanita, María T, Ely.

De manera especial agradezco la reedición de este libro a Laura Lara quien, además de un gran ser humano es una estupenda amiga y editora que me permite volver a dar otro paso con este nuevo material.

Y a Claudia Cervantes, por compartir conmigo esos mundos que nos enseñan que únicamente las letras, la amistad y el tiempo nos permiten descubrir que uno no camina solo en los terrenos nocturnos de la palabra y en las visiones que los ojos no pueden ver.

Las plantas de los pies calientan la Tierra
y le prometen amansar caminos.
Corren las brechas del destino y fingen demencia
frente a las piedras calizas.
Desgraciados, cerca del agua,
dos veces sedientos... el mismo camino ...
son la conciencia y el tiempo;
nos corren caminando, nos caminan corriendo,
descansando solamente en las callosidades,
en los zapatos, en las ampollas y en las llagas.

¿Cuándo fue la última vez
que miraste tus pies?

¿Has pensado en la importancia de escuchar
las necesidades de tu cuerpo?

¿Cuántas culpas y resentimientos guían
tus pasos?

¿Crees que realmente vives en el presente,
o te sientes atado a experiencias pasadas?

¿Sabías que tus zapatos expresan mucho de ti?

¿Hacia qué dirección se encaminan
tus acciones?

¿Has dejado huella en algún camino
que reconozca tus pasos?

¿Volverías a andar un camino
para regresar y pedir perdón?

Responde con toda sinceridad a estas preguntas
y adéntrate en la riqueza de tu luz y de tu oscuridad...

Georgette Rivera

Prefacio

La información contenida en este libro se sustenta en recursos ordinarios —la experiencia y la práctica— que, aunados a la intuición, representan el canal propicio para hablar de mente, cuerpo y alma.

La podomancia es una estrategia misteriosa por medio de la cual podemos enriquecer nuestro acervo personal, íntimo o privado, y satisfacer al mismo tiempo las necesidades del presente para actuar con precisión en el futuro; sin embargo, además de esto, la podomancia ayuda a clarificar las dudas que tenemos sobre sucesos a nuestro alrededor en la vida cotidiana, que aparentemente son ajenos y se dan de manera "inexplicable", pero ocurren porque tenemos una conexión directa con el pasado y lo que vivimos en él.

Hoy en día es frecuente que la gente se acerque a las artes ocultas, la magia, el esoterismo y algunos otros medios de esta naturaleza, para intentar comprender el porqué de los sucesos que acontecen en su vida y cómo se han desarrollado de una u otra manera. Así pues, la podomancia surge como una estrategia que ayuda a prevenir enfermedades y fracasos, a la vez que permite entender en gran medida los acontecimientos que constituyen su vida, incluyendo bienestar, salud, amor, relaciones humanas, dinero y éxito.

Afortunadamente, esta mancia funciona como uno de nuestros derechos espirituales, es decir, podemos saber que lo que ahora somos es el resultado de innumerables transformaciones a lo largo del recorrido cósmico.

Doy la bienvenida a todos aquellos que se aventuran a leer estas páginas, quienes con mi guía espiritual hacen posible que mi camino en este lugar sea una cascada de agua bajo el sol de un cielo azul.

Georgette Rivera

Introducción

La fortuna es un cristal; brilla, pero es frágil.

Proverbio latino

La podomancia, como cualquier mancia, podría ser mal entendida si se creyera que a través de ella se va dar un registro exacto de cómo ha transcurrido la vida de un ser humano; en realidad, sólo es uno de los muchos pasadizos que pueden descubrirnos una parte esencial de nuestro yo interno; pues como sabemos, no sólo los pies hablan, también lo hacen rostro, ojos, manos, orejas: todos nos informan de nuestro pasado en el presente. Ésta es acaso una cuestión compleja, pero si pensamos que lo que ahora somos es la suma de lo que hemos sido, entenderemos la razón de nuestro diario acontecer.

En los pies vamos a encontrar un vehículo de información muy extenso: mediante ellos podemos adentrarnos en terrenos muy íntimos: sueños, amores, vidas pasadas, fobias ocultas, incapacidades, rencores, enojos; pero así como se descubre lo negativo, por decirlo de alguna manera, también es posible hallar remedios para combatirlo; conocerte a ti mismo, lograr el perdón, entender el karma... cuestión ésta que en el presente libro se abordará de manera especial, es una de las razones más importantes para entender los beneficios que pueden adquirirse al hacerse una lectura de pie. Es bueno saber todas las cosas que me pueden suceder, las que ya me pasaron y las probables situaciones que puedo enfrentar en el momento presente. Pero, qué pasa con toda esa información si no estoy dispuesto a reconocer cuáles son los puntos débiles, los fuertes, los avances y retrocesos en esta vida; si sencillamente meto todo eso a un cajón para no enfrentarlo. A fin de que todo tenga una función positiva se incluyen apartados donde se explica qué es el karma, una encarnación y cómo volver a encarnar, en qué consiste el karma colectivo. Se termina esta parte con la búsqueda del perdón. Cabe mencionar que si una persona cierra sus canales o centros de conocimiento, difícilmente podrá hacer una interpretación de su historia personal: se requiere permanecer abierto y tener la firme intención de saber más sobre uno mismo.

Si después de la lectura de pie, o al encontrar en este libro algún rasgo que se relacione directamente contigo, reconoces que enfrentas el karma de una vida pasada o de tu pasado inmediato, lo más importante es enfrentar de la manera más sencilla un malestar en el presente, y tratar por los medios a tu alcance de identificar el anterior semejante y romper la cadena del básico; es decir, con lo que originó esa situación. Ahora bien, si reconoces un karma colectivo, donde se une un grupo de personas conocido o desconocido para experimentar algún siniestro —como un incendio, temblor o accidente que ocurrió en el pasado—, entonces debes asumir una actitud valiente y no permitir que tu energía se una a ese acontecimiento, que tiene su origen en un espacio temporal diferente y que, seguramente por no haber completado un ciclo o haber roto la cadena, reaparece. Es de suma importancia saber que si la conciencia descubre que debe regresar porque el tiempo no le alcanzó para arreglar sus karmas anteriores, puedes reencarnar para superar los fracasos. Ello depende del bien que pueda originarse para el prójimo.

Cuando una persona reconoce sus karmas, decide si aprendió la lección o no, si quiere trabajar en la próxima vida sobre ese tema; es importante la experiencia del perdón, aceptar sin reproches lo que pasó, sin sufrir en el presente por algo que impide alcanzar otro nivel de conciencia.

Conviene saber que el objetivo final del libro es eliminar cargas y mejorar la calidad de vida de quienes tratan de elevar su conciencia y crear un mundo más habitable, haciéndose responsables de sí mismos.

A continuación explicaré brevemente qué son las mancias y el poder que logramos al conocerlas.

Posiblemente imaginaste a unas señoras gordas que adivinan el futuro, pues he dicho que mediante ellas podemos saber el porvenir; pero aún no sabemos a ciencia cierta qué son las mancias: si tienen cara o manos, si van por la calle adivinándole la vida a cuantas personas se les aparezcan; afortunadamente vamos a enterarnos todos, ahora mismo y de una buena vez, qué son las mancias y cuántas hay.

Mancia: según fuentes especializadas —diccionarios, enciclopedias, libros de magia y esoterismo— es una voz de origen griego que, con el significado de adivinación o arte adivinatoria, permite la composición de varias palabras. No obstante, esta definición nos deja con muchas dudas y huecos, así que para adentrarnos más en este terreno, debemos saber lo que es la adivinación; y, para ello, me permití consultar a Warren Howard, quien nos dice que la adivinación es el arte de prever o predecir "sucesos futuros por medios místicos o mágicos". En el primer caso estamos hablando de una guía divina; en el segundo, de ritos, vaticinios y augurios, ya mencionados.

Ambos casos van ligados, por lo cual para vaticinar y augurar sucesos se necesita de la guía divina; cuestión que requiere de otros ritos, como permanecer limpio de cuerpo y así la *inteligencia* pueda manifestarse. Es decir, educar al cuerpo para que el espíritu haga acto de presencia y se muestre como se ha mencionado, en el entendido de que la *inteligencia* es la expresión de nuestro espíritu, y para manifestarse físicamente necesita que los centros de energía de nuestro cuerpo, llamados chakras, se mantengan en equilibrio. Esta limpieza de la que hablo se relaciona con la realización de ejercicio, ayunos, meditación y oración: no se penetra en el interior de otro ser humano sin una disciplina sobre uno mismo.

No obstante, la *mancia* es solamente la forma de predecir... y hay muchas formas de hacerlo. A continuación mencionaré los diferentes tipos de mancias que, de manera particular, se sirven de otros elementos, partes del cuerpo u objetos para revelar la "suerte" que se experimentará.

Tipos de mancias

De acuerdo con la explicación anterior, las mancias son diferentes formas de revelar pasado, presente y futuro de un ser humano, en relación con sucesos y/o hechos directa o indirectamente relacionados con él y su entorno. Pero también se encuentran en algunas partes del cuerpo: rostro, manos, cabello, orejas y pies.

Las mancias han sido utilizadas por los hombres para comprender el universo y su quehacer en él. Cuando el hombre siente la necesidad de dominar las fuerzas naturales, se preocupa por saber cómo hacerlo, pero al no encontrar respuestas, busca cómo prevenir el futuro: de esta suerte se empiezan a acercar a las artes adivinatorias.

Existen más de 226 mancias; mediante ellas se pueden saber algunos de los acontecimientos próximos a suceder. Aquí presento las 49 mancias más conocidas:

Aeromancia: Adivinación mediante las figuras que el aire propicia en las nubes, así como la manera en que sopla y la intensidad de sus señales.

Alectomancia: Adivinación por el canto del gallo o la piedra de su hígado. Se toma en cuenta el tono y la hora de su canto, así como el tamaño y color de la piedra.

Aleuromancia: Esta practica se lleva a cabo con harina, que se hace rollito y queda hecha masa, se revuelve en nueve ocasiones de un lado a otro. Posteriormente, esta masa se reparte entre los participantes y cada uno debe soñar o interpretar la suerte del trozo de masa que se le dio.

Alomancia: Se coloca la sal en el fuego y lo que se lee es el humo que se consigue de su quema o las formas que quedan de ella si es que se coloca en una vasija o recipiente.

Amniomancia: Las parteras podían hacer esta práctica sin problema, ya que se realiza a través de la membrana que cubre la cabeza de un niño recién nacido; al momento de explorarla, ellas podían dar un panorama de su futuro, se dice que entre más grisáceo u oscuro fuera el color de esta membrana, mejor sería la suerte de ese recién nacido.

Antropomancia: En la literatura griega se encuentra citada esta terrible práctica que se hace a través de revisar las entrañas de una persona obviamente muerta, o bien, había que privarla de la vida para poder practicarla. Se dice que Menealo, rey de Esparta, sacrificó a dos niños para poder aclarar algunas cosas que le preocupaban de su destino.

Apatomancia: Esta mancia esta relacionada con los encuentros imprevistos, ya sean personas, animales o cosas y cada una tiene un significado diferente, depende del lugar y las creencias del mismo para poder darle una interpretación. Por ejemplo, si se ve un águila al salir de su casa, tiene que ver con proyectos prósperos y duraderos; si es un ratón, puede haber problemas en el transcurso del día con asuntos relacionados a la economía, o sea, perder dinero, gastar en algo que no vale la pena o prestar un objeto o dinero sin esperanza de recuperarlo.

Arfitomancia: Esta práctica parece tener que ver con la suerte, ya que se daba de comer pan de cebada a una persona que debía confesar un tema en específico; si esta persona podía digerir sin problemas dicho pan, se le consideraba inocente, si no entonces era culpable. Cabe mencionar que a la masa del pan se le agregaban previamente algunos preparados para hacer que el susodicho en cuestión dijera la verdad o se delatara.

Armomancia: En esta mancia cuenta mucho la anatomía de una persona. Se dice que aquellos hombres de espalda ancha son más aptos para ganar el amor de una mujer que aquellos que tiene la espalda angosta.

Aruspicina: Arte supersticioso de adivinar por medio de las entrañas de los animales: se esparcen sus entrañas en el suelo y después de observarlas durante unos minutos se dice el porvenir.

Astragalomancia: Esta mancia consiste en aventar o tirar huesos de carnero, y sólo se leen aquellos que caen en un área determinada o delimitada previamente.

Astromancia: A través de la observación de los cuerpos celestes permite prever una situación sobre acontecimientos por venir.

Austromancia: A diferencia de la aeromancia, esta mancia se centra en el movimiento de los vientos y su dirección.

Belomancia: Esta mancia se realiza en flechas, en cada una se escribe una frase relacionada con lo que se quiere saber y se saca una para obtener una respuesta. Cabe mencionar que hay respuestas favorables y desfavorables y todas se colocan juntas.

Bibliomancia: Consiste en abrir un libro al azar e interpretar lo que allí se dice. En la actualidad se utilizan libros sagrados como la Biblia o el I-Ching: cuando existe algún problema se hace una pregunta, se abre el libro y se lee la respuesta. Sin embargo, se afirma que el mensaje llega directamente del cielo, sea cual sea el libro, si lo pedimos con fe. Así, hay personas que dicen haber encontrado en *Rayuela* de Julio Cortázar respuesta a sus preguntas.

Botanomancia: Esta mancia se realiza a través de preguntas que se escriben sobre las hojas de los árboles. Al día siguiente se daba cita la adivina en ese árbol para interpretar su significado, y dependía de si las hojas habían caído del árbol y en qué dirección.

Cafemancia: Para realizar esta mancia se necesita lo que queda del café en la taza de la persona que desea la lectura o interpretación. Se toma de primera instancia, con la intención de obtener respuestas, posteriormente se mueve el último sorbo en la misma dirección que las manecillas del reloj, se da el trago final y se vacía sobre un plato lo que quedó en el asiento o pozo; se deja secar y, dependiendo de la persona que interpreta o lee, se puede hacer tanto con las figuras que están en el plato como con las que están en la taza.

Capnomancia: Adivinación supersticiosa que practicaban los antiguos por medio del humo, principalmente el de las fogatas; la interpretación se hacía con base en su dirección, color y duración.

Cartomancia: Arte de adivinar el futuro por los naipes; mundialmente conocido y consultado con frecuencia, es practicado por miles de personas de diversas edades, credos y nacionalidades.

Catoptromancia: A partir de la imagen de una persona reflejada en un espejo, frente al cual se ubica largo rato para observarse con detenimiento. Este método de adivinación es muy antiguo. Lo utilizan masones y maestros estudiosos de las vidas pasadas para practicar regresiones. Puede poner en peligro a quien lo practica si no sigue las indicaciones adecuadas.

Ceraunomancia: Adivinación por medio de tempestades, maremotos, tormentas, huracanes y tornados.

Ceromancia: Consiste en vaciar gotas de cera recién derretida en una vasija llena de agua, y hacer cálculos o deducciones según las figuras que se forman; también por la figura de la vela o veladora una vez consumida sobre una superficie plana y previamente dispuesta.

Cleromancia: Se utiliza un recipiente de cristal transparente en el que se depositan semillas de haba, frijol, dados, huesos de chabacano u otra fruta que sirva para esta efecto; se pide que el futuro se presente a través de ellas y se mueve el vaso o recipiente, se voltea y de acuerdo con la forma en que quedaron dispuestas es que se hace la interpretación.

Cosquinomancia. Se hace por medio de un tamiz o coladera que se coloca sobre unas agarraderas o tenazas sostenidas con los dedos. El objetivo es decir el nombre de algunas personas y si se mueve el tamiz indica culpabilidad sobre algún tema delicado.

Cristalomancia: Se practica con cristal de roca o cuarzo como se le conoce comúnmente, sin embargo quienes lo practican así pueden hacerlo a través de cristales de diferentes colores; en esta mancia también entra lo que conocemos como bola de cristal, su uso en cualquiera de las formas es muy sencillo. Se colocan las manos en el cristal o cristales y el practicante puede recibir imágenes mentales o dejar la vista sobre un punto hasta que se forme una imagen.

Croniomancia: Para practicar esta mancia se necesitan cebollas, se colocan la noche de navidad en un altar y sobre ellas se anota el nombre de la persona de quien se desea obtener información; la cebolla que brote primero es la que da la respuesta de quien tendrá una perfecta salud durante el año, o bien de aquella mujer que tendrá suerte para conseguir un esposo.

Dactilomancia: Se deja pender un anillo de un hilo o cuerda y se colocan en una superficie las letras del alfabeto. Al oscilar sobre éstas, el anillo señala una cada vez, hasta formar un nombre. Es la manera en que se da respuesta a las preguntas que se hacen.

Dafnomancia: Esta mancia tiene dos formas de llevarse a cabo, una fue muy conocida en el mundo griego, y se trataba de que una pitonisa masticara una hoja de laurel antes de dar un augurio; se suponía que Apolo debía inspirarle para contestar. La segunda forma de adivinar es lanzando un ramo de laurel al fuego y si éste echa chispas y produce ruido se considera de muy buena suerte, si ocurre lo contrario hay que tener cuidado con el porvenir.

Espatulomancia: Arte de adivinar mediante los huesos de los animales, principalmente la espaldilla o tronco, justo donde está el omóplato o cuarto delantero de algunas reses.

Filoromancia: Esta mancia se practica utilizando los pétalos de una rosa deshojada. Posteriormente se chasquea el pétalo con los pulgares para obtener una respuesta sobre la suerte que habrá de tener una determinada relación amorosa.

Geomancia: Especie de magia o adivinación valiéndose de los cuerpos terrestres o de líneas, círculos y puntos hechos en la tierra.

Heteromancia: Basada en el vuelo de las aves: las formas que hacen en el cielo, si vuelan en grupos o solas, en línea recta o siguiendo trayectorias ondulatorias.

Hidromancia: Se lleva a cabo mediante la observación del agua. Puede ser la que está en un vaso y fue bebida por alguien; asimismo, con la que una persona se bañó; se toma en cuenta la cantidad, si se evaporó y en cuánto tiempo, además de su claridad.

Hieroscopia: Arte supersticiosa a partir de las entrañas de los animales; en nuestros días se usa poco, pero en algunos pueblos de costumbres arcaicas aún se practica. A diferencia de la aruspicina, no se esparcen las entrañas en el piso, sino que se comprueban temperatura, color, olor y consistencia de las mismas.

Lecanomancia: Adivinación por el sonido de las piedras preciosas u otros objetos al caer en una vasija o tinaja.

Melanomancia: En ésta se observa la forma, el color, el tamaño y la textura de los lunares para poder predecir el futuro de una persona.

Metoposcopia: Busca el porvenir por las líneas de expresión del rostro: frente, ojos, entrecejo, al fruncir la nariz y la comisura de los labios; también por las líneas en el cuello, sobre todo en las personas de edad avanzada. Permite definir la personalidad y el carácter.

Necromancia: Adivinación por los muertos; se llama al espíritu y se considera que son capaces de presenciar conjuros e invocaciones para interpretar el presente.

Nigromancia: Asimismo se invoca a los muertos para que regresen o se presenten en espíritu y den el mensaje solicitado, o para cumplir un cometido con alto grado de dificultad y que sólo ellos pueden realizar por estar en un plano diferente.

Obomancia: Esta mancia se sirve de huevos para adivinar, no importa si son de gallina, pato, avestruz o codorniz. Los videntes centran su atención en la parte externa e interna del cascarón para dar una interpretación.

Ofiomancia: Las predicciones se hacen a través de los movimientos de una serpiente y la huella que deja en la arena o la tierra al desplazarse.

Onicomancia: Adivinación del porvenir, particular-mente de los niños, mediante la observación de trazos o figuras en las uñas, previamente untadas con aceite y hollín. Se requiere buena vista y mucha paciencia.

Oniromancia: Arte que recurre a los sueños, como en el caso de José el Soñador. Esta mancia se presenta de tres maneras: la de quien sueña e interpreta el significado de sus sueños; del que es capaz de interpretar los propios o los de otros con mucha precisión; y la de quien sólo interpreta los de otros, pero no sus sueños.

Onomancia: Con el nombre de una persona, prevé la dicha o desgracia que le ha de suceder, sin verla o conocerla, inclusive a cientos de kilómetros de distancia.

Ornitomancia: Adivinación basada en el vuelo y canto de las aves. Se practica regularmente en lugares donde dicho canto es permanente.

Piromancia: A partir del color, sonido, chispa y dirección de la flama.

Podomancia: Como ya mencioné, permite descubrir pasado, presente y futuro por medio de la planta y dedos del pie: color, olor, textura de la piel, deformaciones, padecimientos, forma de las uñas, callosidades y temperatura.

Quiromancia: Adivinación por las rayas o estrías de las manos de una persona.

Uromancia: Examina color, olor y cantidad de orina de la persona.

Cada mancia tiene peculiaridades que las diferencian entre sí. Lo que las semeja es que todas se relacionan con el futuro. Sin embargo, por medio de estas mancias también se puede saber el pasado y el presente; cuestión en verdad interesante, pues nos enfrenta a un hecho importante: alguien más sabe qué nos sucedió y sucede, y puede indicarnos cómo bregar con ello.

Diferencia entre podomancia y podología

Es común que la gente confunda la podomancia con la podología. Aunque ambas están relacionadas con los pies son dos cosas totalmente diferentes. La podomancia, como ya se mencionó, es un método auspicioso por medio del cual una persona puede tener acceso a información sobre su pasado, presente, futuro, vidas anteriores. La podología, en cambio, es una palabra que viene del griego *podo* (pie) y *logos* (estudio), por lo cual es una disciplina que tiene como objeto el estudio y solución a lo padecimientos relacionados con los pies siempre y cuando no requieran cirugía menor. La confusión entre ambas no es más que por el desconocimiento de la podomancia, lo cual es normal ya que hay poca información al respecto, por lo que no faltan las personas que buscan en la podomancia alivio a las dolencias físicas de sus pies. Más allá de la confusión, esto sí es posible, si es que, después de una lectura de pie, la persona modifica de manera radical y absoluta todo aquello negativo y orienta su camino por otra vía; gracias a esto experimentaría cambios en algunos padecimientos y deformaciones que lo aquejen. Por ejemplo: si presenta juanetes causados por tolerar situaciones en contra de sus principios y sentimientos, y la persona modifica aquello que le causa malestar, los juanetes no seguirían creciendo.

Frases de pie

En muchas ocasiones hemos escuchado frases, refranes, canciones, expresiones en las que se hace referencia a los pies o al pie, y no es para menos, ya que desde siempre el hombre ha utilizado esta parte del cuerpo como:

una medida de longitud

metro para versificar

breve comentario

final de un escrito

parte inferior ("colócalo al pie de la mesa")

tallo o tronco ("me regalas un pie de tu violeta")

opuesto a la cabecera ("al pie de la cama")

motivo u ocasión para comentar algo ("no es por nada pero tu hijo es una persona muy agresiva")

En el diccionario de la Real Academia de la Lengua española se consignan las siguientes expresiones que muestran la importancia de los pies, como se ve en el lenguaje coloquial:

Al pie de la letra loc. adv. Literalmente: "No pudo hacerlo por ella misma, en el examen de creatividad hizo todo al pie de la letra, como en el libro".

A pie loc. adv. Caminando: "Iremos a pie a mi casa, está a la vuelta".

A pie o a pies juntillas loc. adv. Firmemente: "Ella cree este asunto a pie juntillas y no hay quien la saque de ahí".

Buscarle tres pies al gato loc. col. Buscar explicaciones o razones faltas de fundamento o que no tienen sentido: "Insistes en probar que te ofendió, ya no le busques más tres pies al gato".

Con buen pie o con el pie derecho loc. adv. Con dicha o fortuna: "Quiero empezar este negocio con el pie derecho".

Con mal pie o con el pie izquierdo loc. adv. Con mala suerte: "Hoy todo me salió mal, me levante con el pie izquierdo".

Con pies de plomo loc. adv. col. Despacio, con mucho cuidado y prudencia: "Es una mujer muy guapa, pero antes de enamorarte tendrás que irte con pies de plomo".

De pie o en pie loc. adv. En posición vertical, erguido sobre los pies: "Se cansó porque estuvo más de tres horas de pie".

Hacer una cosa con los pies loc. Hacerla mal, sin haberla pensado antes: "Este pastel está hecho con los pies, está casi crudo".

Hacer pie loc. Alcanzar con los pies el fondo cuando se está en el agua: "Esta alberca sólo tiene un metro de profundidad, así que vas a hacer pie".

Nacer de pie o parado loc. col. Tener buena suerte: "Alejandra nació parada, todo lo que hace le sale perfectamente".

No dar pie con bola loc. No acertar en absoluto: "Este jugador no da pie con bola, no puede con el balón".

No tener algo ni pies ni cabeza loc. col. Algo que no tiene sentido, razón de ser o es absurdo: "Estuvo diciendo cosas que no tenían ni pies ni cabeza".

Parar los pies a alguien loc. col. Detener a una persona por proceder de una manera incorrecta: "Estaba hablando mal de mi madre y tuve que pararle los pies".

Poner pies en polvorosa loc. col. Escapar con mucha prisa: "El esposo de María puso pies en polvorosa cuando su suegra lo encontró con otra mujer".

Por pies loc. adv. Corriendo, alejándose rápidamente: "Se fueron por pies cuando los vieron llevándose el pan".

Saber de qué pie cojea alguien loc. Conocer los defectos o debilidades de una persona: "Es esposo de mi prima, lo conozco desde hace muchos años y sé perfectamente de qué pie cojea".

Sacar alguien los pies del tiesto o del plato loc. col. Actuar con desvergüenza o cinismo: "Ana María se veía tan tranquila hasta que sacó los pies del tiesto".

Las frases anteriores no necesitan mucha explicación, dado que su uso es muy frecuente. Lo que resulta curioso es cuando se dice que una persona "hizo las cosas con los pies", como si eso fuera sinónimo de algo mal hecho. Expresiones como ésta se deben a que la gente piensa siempre que sus pies son horribles, porque tienen callos, o cualquier afección que les parece terrible y se disculpan por ello, cuestión que me parece graciosa pues esas cosas son las que permiten tener información valiosísima sobre la vida de esa persona y lo que está haciendo o dejando de hacer. No obstante, no quise dejar a un lado algunas otras expresiones que vale la pena resaltar porque son del dominio público.

Descubrirse a sí mismo a través de la podomancia

*Lo que se considera ceguera del destino
es en realidad miopía propia.*
William Faulkner

Descubrirse a sí mismo es uno de los misterios que siempre ha inquietado al ser humano, desde los grandes sabios hasta el individuo común. Este deseo incluye la curiosidad de saber por qué somos de una manera y no de otra; por qué algunas tareas resultan sencillas para algunos y para otros difíciles. Interrogantes vinculadas directamente con nuestro pasado. Por ejemplo, hay médicos que son grandes pintores; abogados que son excelentes deportistas; hombres o mujeres solteros que tienen espíritu de papás, o escritores que cocinan maravillosamente, por citar algunos casos; estas actividades pueden variar de una persona a otra, con profesiones o quehaceres diferentes. La cuestión es que cada ser humano trae del pasado la memoria de lo llevado a cabo, de lo que fue y de los lugares por él habitados.

Lo anterior parece muy claro. Pero entonces, ¿cómo saber quién es uno o quien ha sido? La respuesta es sencilla: hurgando un poco en nuestras vidas pasadas, lo cual no es lo mismo que en nuestro pasado, porque si bien éste influye, ambos tiempos son diferentes entre sí.

Para entender lo anterior de manera más clara, debo hacer una pequeña distinción entre el pasado y las vidas pasadas.

El pasado se inscribe en nuestra experiencia de vida; es decir, en el periodo que va desde la fecha de nuestro nacimiento hasta hace un minuto; es el presente inmediato y permanente que cada momento se nos escapa de las manos, pero que siempre está ahí, formando parte de nosotros y conformando nuestro entorno.

En las vidas pasadas, en cambio, ha estado presente nuestro espíritu, el mismo desde que aparecimos por primera vez en este mundo: ya sea desde el periodo de las glaciaciones, la edad media, el romanticismo o la era moderna hasta nuestros días.

Cabe mencionar que cuando llegamos a esta vida se supone que vivimos cada experiencia sin saber absolutamente nada para formar una identidad; pero en nuestros registros akásicos, guardamos las experiencias de otras vidas y están alojadas en el llamado "tercer cerebro", la parte callosa del mismo, entre los hemisferios izquierdo y derecho.

Algo muy importante es que en todas esas vidas pasadas hemos tenido cara, cuerpo y sexo diferentes, pero el espíritu siempre ha sido el mismo; por ello, cuando algunas personas se someten a una regresión, no pueden verse o tienen una experiencia desagradable, pues quieren que su cara y cuerpo sean los mismos que poseen en esta vida y eso es imposible: el cuerpo cambia de una vida a otra, mas no el espíritu.

Como podemos darnos cuenta, descubrirnos a nosotros mismos es toda una proeza: lo que ahora somos no corresponde solamente a lo que hemos hecho desde el momento en que nacimos, sino desde que aparecimos por vez primera en el universo.

Lo mencionado hasta aquí puede ser ilustrador, pero finalmente volvemos a la pregunta inicial: ¿cómo descubrirse a uno mismo?, ¿a quién recurrir?, ¿qué método seguir? Pues bien, desde la Antigüedad hombres y mujeres han practicado los diferentes tipos de mancias, y por medio de ellas hacen vaticinios, predicciones, adivinaciones y augurios.

¿Qué son cada uno de estos medios de saber pasado presente y futuro? Ahora lo sabremos.

Vaticinio: método que mediante la manifestación de embajadores celestiales —ángeles, arcángeles, santos, vírgenes y mártires— permite a una persona pronosticar o profetizar a otros lo que les sucederá.

Predicción: anunciar a una persona con mucha anticipación lo que le sucederá, utilizando como recurso la intuición o alguna mancia, a partir del desarrollo o práctica de ellas.

Adivinación: consiste en descifrar diversas experiencias místicas, desde el vuelo mágico de los chamanes, hasta las fórmulas más especulativas de conocimiento unitivo; puede ser el cometido de una hermenéutica mística, que es el examen del proceso de comprender, es decir, el procedimiento utilizado para hacer una interpretación, descubrir las cosas ocultas y dar el significado de un misterio o acertijo.

Augurio: modo artificioso de predecir el porvenir mediante signos naturales, como el vuelo de las aves, posición de las estrellas, estado del tiempo, sonidos o entrañas de los animales.

Éstas sólo son algunas maneras en que las mancias se hacen presentes; como mencioné anteriormente, su práctica se remonta a la escritura de la Biblia, donde se hace mención de ello.

En el *Génesis* encontramos a un hombre conocido por todos, José, hijo de Jacob, mejor conocido como José el Soñador. Por ser el preferido de su padre, provocó la cólera de sus hermanos, sentimiento que más tarde se convirtió en aborrecimiento, como él mismo predijo:

> Y soñó José un sueño, y lo contó a sus hermanos; ellos llegaron a aborrecerle más todavía. Y él les dijo: "Oíd ahora este sueño que he soñado, he aquí que atábamos manojos en medio del campo, y he aquí que mi manojo se levantaba y estaba derecho, y que vuestros manojos estaban alrededor y se inclinaban al mío". Le respondieron sus hermanos: "¿Reinarás tú sobre nosotros, o señorearás sobre nosotros?" Y le aborrecieron aún más a causa de sus sueños y sus palabras. (*Génesis*, 37, 5-8)

Lo que dijo José a sus hermanos se cumplió más tarde. Sucedió que ellos, tratando de deshacerse de él y de sus sueños para siempre, lo vendieron por veinte monedas de plata a los madianitas y éstos, acto seguido, a Putifar, oficial del faraón egipcio. Pasado el tiempo y después de sufrir muchas vicisitudes, entre ellas permanecer dos años en la cárcel, José interpretó dos sueños al faraón, avisándole sobre siete años de abundancia y siete años de escasez, para lo cual se previno y salvó al pueblo del hambre. Como resultado de tan exacta predicción, José quedó al frente del reino egipcio.

En tiempos de miseria los hermanos de José fueron a Egipto a comprar víveres y provisiones. Los reconoció y después de varias pruebas dolorosas tanto para José como para sus hermanos, se reconciliaron, no sin antes verlos postrados frente a él pidiéndole clemencia por sus vidas, como había predicho en el sueño. A esta mancia que adivina por medio de los sueños se le llama *oniromancia*. Y éste no es el único caso del que se habla en la Biblia, pues también encontramos en *El libro de los Jueces*, el caso de la profetisa Débora: ella dice a Barac que no será de él la gloria de la lucha que emprenderá, pues Dios haría que le llegara a través de las manos de una mujer; y así sucedió que Sísara, el hombre que Barac buscaba, fue muerto por Jael, quien lo entregó a Barac, luego de atravesarle la sien con una estaca. Esta última no es una mancia precisamente, pero se ubica dentro de la profecía, una manera de saber el futuro, como hacía Nostradamus.

En la cultura griega encontramos un caso semejante en la obra *Edipo Rey*. Layo es avisado por Tiresias, vidente ciego que veía con los ojos del alma, que su primogénito lo mataría y desposaría a su madre, la reina Yocasta. Ante tal augurio manda matar a su hijo Edipo, pero su intención no se cumple. Años más tarde, Edipo trata de encontrar su verdad y en una encrucijada mata a su padre sin saber quién es. Luego contesta a la esfinge el acertijo para liberar de sus males a la ciudad de Tebas. Por tal motivo, se convierte en rey y desposa a la viuda de Layo, cumpliendo así el destino augurado por Tiresias.

Edipo es la encarnación más grande de quienes buscan la verdad que todos deseamos encontrar. Asimismo, en el mito de Medea, Jasón encuentra el vellocino de oro gracias a que ella tenía dotes adivinatorias: no por ser mujer, sino maga.

De esta manera, no es nada nuevo saber más de nosotros mismos por métodos de adivinación. Ahora hablaré de una mancia que se conoce muy poco en América y, más aún, casi no se practica: la *podomancia*, que suena parecido a quiromancia, sólo que la primera se basa en el estudio de los pies, mientras la segunda, mundialmente conocida, analiza las palmas de la mano. En la Antigüedad se le definió como *palmistry* (aludiendo a la palma de la mano); posteriormente como *quiromancy,* palabra que traducida al español es quiromancia.

Videncia

Es común que un vidente sea representado como una persona que va por el mundo con una mesa y una bola de cristal que muestra todo tipo de imágenes. La cultura popular también asocia a una vidente con la figura de una mujer con una verruga en la nariz, cabello largo y grisáceo despeinado, maloliente; dientes chuecos y un ojo en blanco o parpadeante; una vestimenta ya roída por los años de color negro, con un sombrero en punta con muchos agujeros y acompañada de un gato negro, señal de que no hay que acercarse porque está dispuesta a todo, incluso a proferir una maldición que deje estériles todos los proyectos del metiche que se aventura y expone al aproximársele. Son imágenes tan falsas como aquellas que representan a todos los mexicanos como indígenas acostados al pie de un maguey o montando un burro y enseñando una botella de tequila en la mano.

Existe una desinformación total y absoluta sobre lo que en realidad es una persona que se dedica a trabajar con la capacidad de la videncia para dar información a otros sobre su vida y lo que ha de acontecer. Sin embargo, es mucho más fácil pensar que sólo un ser oscuro fuera de nuestro alcance puede tener esa información, de esa manera es más sencillo de asimilar las cosas. Al observar que el vidente no levita ni se encuentra en penitencia, en ayuno o en la posición de flor de loto, tendemos a desconfiar de lo que dice, pues ¿cómo alguien "normal" podría saber lo que uno tanto desea? o bien que ya sabe y sólo busca en el exterior un acuse de recibo de algo que le es evidente, no porque vaya a suceder, sino porque dependerá de lo que la persona elija hacer, obteniendo resultados negativos o positivos.

¿Se nace vidente o se hace uno vidente?

He escuchado a personas que estudian o toman cursos sobre como saber leer la mano, las cartas, el fuego, el humo, etc., y cuentan sus procesos sobre cómo les dicen que esto o aquello significa tal o cual cosa… Con el debido respeto, creo que ser vidente es algo con lo que se nace, se desarrolla de muchas maneras: leyendo, haciendo ejercicios físicos o espirituales y sobre todo practicando. Respeto mucho a quienes a través del estudio de los naipes, por sólo mencionar un ejemplo, se dedican a la cartomancia y dan un estudio detallado de eventos o sucesos que acontecieron o acontecerán a alguien; tomar un curso sobre cómo leer las cartas es lo más cercano a una hermenéutica mística, que vendría a ser lo más cercano al proceso de interpretación de algo que no entendemos y por ello se puede inscribir dentro de lo místico, porque esta fuera de nuestro alcance o comprensión. De esta manera, si se nos dice que en la baraja española el As de espadas representa compromisos legales y esta carta se encuentra junto al cuatro de espadas que representa momentos en los que la salud se ve afectada de manera considerable, seguido por el seis de bastos que significa abatimiento y desventura, podemos decir que el cuadro que se presenta es terrible, dado que para una persona puede haber un problema legal que le propicie una enfermedad y esto a su vez haga peligrar la salud y llevar a la persona hasta una situación de depresión que le traiga desventura. Esta interpretación ya forma un *correlato*, que es la creación en la mente de una persona de un conjunto de circunstancias que le van a suceder. Cuando una persona es capaz de comunicarse por medio de signos y símbolos, decimos entonces que maneja un lenguaje y esa puede ser la información que reciba una persona que fue a leerse las cartas o el rostro. Sin embargo, lo más importante de esto no es tomar un curso, sino que en el momento de la lectura las cartas le hablen al vidente o clarividente, porque ahí es donde se encuentra la información que vale la pena Un vidente o clarividente o clarilaudiente no interpreta signos, en el momento de la lectura queda apartado del mundo, está total y absolutamente concentrado en lo que oye, ve y escucha de las cartas, piedras, líneas de la mano, etc. En ese momento no hay más, se entrega a desentrañar lo que sus sentidos le proporcionan como información; no está obligado a complacer, sino a decir aquello que ve, escucha, siente y en ocasiones huele; se obliga a decir lo deseado, lo no deseado, bueno o no a su receptor, independientemente de que a esa información le guste o no. El vidente expresa aquello que necesita saber en ese momento la persona que lo consulta, mas no lo que quería saber. Es un compromiso total, pues el vidente dice las cosas de manera que sean lo más comprensibles y de manera que sean tomadas con una intención. Ahí se entra en la cuestión de cómo decir las cosas, eso es cuestión de cada quien y de la relación con las personas que le consultan, eso no quiere decir que al omitir algo no se haya dicho o viceversa, pero aquí entran en juego un sin número de cuestiones de las que tiene la última palabra quien da la información, al decidir cómo lo va a hacer, dado que al momento de tener la videncia debe interpretarse lo más rápido que sea posible, pues en fracciones de segundo otras imágenes se agolparan en su mente.

La lectura

Me parece un hecho casi poético que una persona diga que va a hacerse una lectura, dado que, como dijera Ortega y Gasset al comentar *El Banquete* de Platón, desde que se tiene la intención de leer se busca "significar el proyecto de entender plenamente el texto". En este caso, la persona es un mundo nuevo frente al vidente, por eso siento que no pude haber un aprendizaje previo sobre los gestos, miradas, respiración, posturas de una persona, ya que al ir recibiendo la información todo en la persona cambia, es espontáneo y no hay manual alguno que describa lo que se le debe decir a alguien frente a sus expresiones más íntimas. El vidente se vuelve uno con la persona que lo consulta, atiende al mensaje que está descifrando, no hay explicación para decir que un accidente que se señala va a ocurrir o no, pues la persona, al saber que puede cambiar su futuro de acuerdo con las decisiones que tome, es la única que puede modificar realmente las cosas.

Al momento de dar una interpretación, el vidente usa de su don y un don es un regalo, no se da por compromiso sino porque se quiere dar. El don esta ahí y el vidente lo utiliza para darle a otro lo que en ese momento necesita. En el regalo no cabe el compromiso, pues al dar un regalo se ocupa tiempo. En el regalo existe la libertad y es la de recibir o no, lo que sugiere que en algunas ocasiones las personas no aceptan lo que les dicen, o piensan que no es algo cierto, hasta que no les sucede.

El libre albedrío

Muchas veces las personas que me consultan me dicen: "Oye, ya mi dijiste lo que me va a pasar, pero todavía no me dices qué es lo que debo hacer". Yo les respondo: "Si te digo lo que debes de hacer, cierro mi consultorio, porque yo sólo puedo decirte lo que veo, mas no puedo decirte qué debes hacer, eso sólo puedo hacerlo conmigo misma, ni siquiera con mis familiares, porque sería como pensar que no tienes la capacidad de tomar la elección que sólo te compete a ti". Más aún, no tengo porqué entrar en el juego de responsabilizarme de tomar una determinación en una vida que no es mía. A mi sólo me dieron mi vida, no la de alguien más, para eso nos dieron el libre albedrío que es libertad y conocimiento, eso no significa que sea fácil de ejercer, pues en la medida que creamos conciencia creamos libertad y también crece el conocimiento.

Cuando les digo esto, es normal que algunas personas se enojen y digan que no encontraron lo que vinieron a buscar, y los entiendo. Sin embargo, el tener información es poder y eso es para utilizarlo de la mejor manera. En consulta le digo a muchas personas lo siguiente: "Imagina que estás en la zona de Santa Fe en la Ciudad de México y te diriges hacia la Torre del Caballito en el centro. Tienes dos opciones: la primera bajar por Constituyentes y navegar entre el esmog de los autobuses urbanos y el tráfico que ocasionan hasta llegar a la altura del metro Chapultepec y seguir directo hasta Paseo de la Reforma, o bien bajar Reforma, ver los árboles que coronan la zona de las lomas y tener una vista agradable con glorietas llenas de flores, hasta llegar al Auditorio Nacional y seguir hasta la Torre del Caballito. Tú sabes que ir a la torre es tu destino, la manera en que decidas llegar, es tu elección, de ello depende cómo llegues". Así es lo que se ve en una lectura: ir hacia un lugar es lo que va a sucederle a una persona, los dos caminos son las cosas posibles que pueden ocurrir si toma uno u otro y en ello tiene un papel fundamental el libre albedrío.

Tu destino está ahí, pero sólo en las grandes decisiones es donde mostramos quiénes somos.

Muchas veces pensamos limitadamente y lo único que podemos decir es "quiero" o "no quiero", de ahí proviene nuestra libertad. Por ello hay consecuencias después de ejercer un acto libre, en ocasiones viene la secuela del arrepentimiento al estar conscientes de que había otra opción que no tomamos, no porque fuera lo único posible, sino porque nos equivocamos y elegimos el camino errado. Al tomar una decisión renunciamos a otra opción y esto es lo terrible de la libertad, dejar de lado otras cosas. Pero esa libertad nos permite comprometernos con aquello que sentimos que debemos hacer y asumir las consecuencias. A esto se le llama *responsabilidad* y es algo personal. Por eso es muy importante que una persona al buscar información esté preparada para saber cómo encausarla; también es importante mencionar que en algunos casos, es posible dar nombres y fechas, debido a la apertura que esa persona tiene con el vidente, pero en otros casos no es posible, puesto que la persona está prejuiciada y quiere escuchar algo impresionante, como si estuviera en el circo con la mujer barbada y ella le adivinara que al levantarse de la cama descorrió las cortinas, se bañó con jabón de coco, se tomó dos tazas de café… en ese momento piensa que el vidente es un charlatán porque no puede decirle esto, además de que piensa justo en ese instante que está perdiendo su tiempo frente a un incompetente y no debería haber asistido a esa cita.

La videncia es como el arte sin agravio, es comunicación que exige que una persona interprete y la otra se vuelva lectora de sí misma, de su información personal; es un mero acto de libertad y responsabilidad y esa es la maravilla, pues cuando se acaba la libertad lo siguiente es leer las instrucciones del muñeco que está en la caja para saber qué camino seguir. El acto de videncia es un acto de libertad que se genera en el interior de una persona, mediante el ejercicio de su inteligencia, para conocer la verdad, y por medio de su voluntad para querer que esa información sea buena para quien la recibe. Es decir, no importa si es positiva o no, sino cómo la utiliza para que le ayude a vivir mejor.

La *podomancia* revela tanto vidas pasadas como el pasado inmediato, el presente y el futuro. Es la llave para comprender cómo nuestras vidas anteriores influyen en nuestro presente y podemos usar este conocimiento para crear un mejor futuro.

Los dedos de los pies y los de las manos, así como el cabello, son terminaciones nerviosas del ser humano que revelan aspectos muy importantes de su comportamiento. Estas terminaciones son puntos clave para interpretar nuestra evolución espiritual en vidas anteriores y en la actual. Es una cuestión absolutamente interpretativa, por medio de la cual se establece contacto con la esencia del otro para encontrar qué hay en su interior; es una interpretación del otro porque se atiende a su esencia para comprenderla. Esto no es nada fácil, pues en ocasiones ni uno mismo se entiende. Pero no es imposible, aunque se necesita una disposición especial que no siempre se posee o consigue.

Para lograr un contacto directo con el "otro", es necesario percibirlo. Para interpretar su "historia" pasada, presente y futura, se debe percibir su naturaleza, lo que es propio de cada ser.

La percepción es un acto consciente, una experiencia del presente, lo que metafísicamente se llama el aquí y el ahora; o lo que se define como vivir el momento presente, ver lo que no vería una persona no concentrada en el tiempo y espacio de lo que está percibiendo.

La percepción está ligada a la observación, la cual nos dará información de algo externo a nosotros, por medio de los sentidos. Es aquí donde entran los conocimientos que tenemos desde que los aprendimos; es decir, desde que los hicimos parte de nosotros y podemos explicarlos. Cuando percibimos a alguien o algo, lo hacemos en su contexto; esto es, en su forma de desenvolverse en el medio ambiente, lo cual abarca todo tipo de preguntas: ¿cómo es?, ¿dónde vive?, ¿qué actividades desarrolla?, ¿cuáles son sus preocupaciones?, ¿sus metas?, ¿qué tipo de personas frecuenta? Este contexto es parte del ser que se percibe, casi su totalidad; es parte de su conformación actual, lo que es propio de un ser humano y lo diferencia de los demás porque no podría ser de otra manera.

Todos los seres humanos somos distintos y cada uno emite un importante mensaje de cómo es por dentro y por fuera; se nota en la forma en que una persona mueve su materia y cómo la decora. Por este medio uno puede obtener información a nivel físico; sin embargo, para acceder a su mundo interno se necesita más que observación, se requiere un espíritu de servicio que permita comprender a la otra persona abarcando toda su circunstancia.

No sólo la podomancia requiere esta apertura de conciencia para interpretar. La práctica de otras mancias exige el acercamiento con la parte íntima de cada persona, para alcanzar un intercambio de energía que abra puertas dimensionales. Y ello precisa el auspicio de seres luminosos no encarnados que puedan transmitir un mensaje: la mayoría de las veces sólo es una confirmación de lo que la persona ya sabe de sí misma, pero necesita escucharlo mediante una voz ajena y sin compromisos.

Los pies y la podomancia

La podomancia, como es obvio, no puede entenderse sin la presencia de un par de pies, medio por el cual se puede adivinar el porvenir. La cuestión es entrar en contacto con los pies y así empezar a penetrar en ese ser humano.

Mencionaré que no es necesario —para efectos de la lectura— limpiar los pies o recortarles las uñas. Su estado natural es lo único que se necesita para practicar la podomancia o lectura de pies. Todo en ellos es importante, desde su tamaño hasta su olor. Cada una de estas características resulta esencial para interpretar la información contenida en cada pie, porque difiere lo que revela el derecho del izquierdo.

Como es usual, a menudo la gente se avergüenza de sus pies. Se siente insegura por la forma de sus dedos, el color de las uñas, callos, hongos, "ojos de pescado" (hiperplasia de la piel provocada por un agente viral que se acentúa en las partes donde hay roce o frotamiento continuo; aparece en el quinto o entre el cuarto y quinto ortejos o dedos de los pies), talones resquebrajados, o por el olor que los caracteriza. Cuando éste es desagradable, se llama *pecueca*. Pero son los rasgos peculiares que imprimen un estilo personal a los pies de cada persona. La gente se sentiría diferente si supiera que cada una de estas singularidades es importante, porque revela muchos aspectos trascendentes de su vida.

Hay quien piensa que si tienen los pies perfectamente limpios y con las uñas recortadas, su futuro o su historia cambiará. Pero eso no está garantizado. He visto tantos pies hermosos y limpios, con uñas perfectamente recortadas, sin indicios de callos, hongos, juanetes o pie de atleta; sin embargo, son personas que tienen muchas dificultades para llevar a cabo sus proyectos. Aquí la belleza no implica buena suerte; ésta varía según la persona y su historia. Inclusive personas que han perdido una pierna, un dedo del pie o éste, pueden tener una historia más afortunada que quienes no han sufrido pérdida alguna. No es una regla de oro, pues como he mencionado, la suerte varía y puede cambiar. Pero se necesitan factores internos y externos para una transformación; y ello no ocurre de la noche a la mañana, así como no se despierta uno en una casa diferente, sin deudas o habiéndose sacado la lotería sin comprar el billete. Todo tiene un proceso lógico para que el cambio se manifieste, pero debemos dejarlo actuar.

Peculiaridades

Los pies son un mapa del cuerpo donde encontramos las más caprichosas formaciones y deformaciones que un ser humano puede mostrar sobre sí mismo. A esta manifestación le llamo *peculiaridad*, porque refleja el contenido total —vidaspasadaspasadopresentefuturokarma— que me permite tener un acercamiento con la gente y recabar información invaluable. Advierto que no hay un credo para la siguiente enumeración, pero cada lista de consulta posee constantes que te permitirán saber si estás dentro de alguna de ellas.

Pie izquierdo

Así como el lado izquierdo del cerebro concentra las emociones del individuo, el pie izquierdo refleja su vida emocional; desde donde empieza la pierna hasta la terminación del pie se halla nuestro lado materno: si experimentas un dolor en esa pierna lo más seguro es que existe un problema a nivel consciente o inconsciente que no quieres reconocer desde la niñez y se relaciona con la madre. Ello pudo ocurrir desde la concepción, cuando empezamos a relacionarnos con el medio ambiente y en el feto se forman los sentimientos y sensaciones que la madre le transmite. Si hubo inseguridad, falta de amor, rechazo, soledad o cualquier otra situación fuera del alcance de la madre, esto lo absorbe el bebé y quizá diez o quince años después de nacido no manifieste ningún problema a nivel emocional; sin embargo, un día esos registros se abren, la persona no sabe qué le pasa ni por qué experimenta sensaciones de rechazo o conflicto con la madre, esa desazón que le provoca la figura materna. Detrás de todo esto pueden existir respuestas que causan dolor, pero todo conocimiento implica descubrir las partes más vulnerables del ser humano para después asimilar lo que en algún momento era molesto.

Pie derecho

Al igual que el hemisferio derecho del cerebro almacena lo racional, el pie derecho concentra los impactos energéticos vinculados con acontecimientos que frustraron nuestros caminos y no hemos aceptado. Esto se refleja desde donde empieza el muslo hasta la punta de los dedos: puedes sentir un dolor agudo, adormecimiento, punzadas o hipersensibilidad al contacto. La figura del padre está ligada a este pie, por lo cual es aconsejable que cuando percibas cualquiera de las molestias mencionadas, trabajes de manera holística estas particularidades: puede haber un problema de fondo, como lo muestra el siguiente ejemplo:

Ana María tenía un fuerte dolor en el muslo cuando no podía concluir a tiempo un trabajo. Si su jefe la insultaba, ella se quedaba a trabajar más tarde que cualquiera de sus compañeros y asistía a la oficina los sábados tratando de adelantar tareas. Ello le provocó un gran desgaste, una anemia terrible que la hacía rendir menos. La situación con su jefe empeoró, aunque ella hacía todo lo posible por conseguir su aceptación. Entonces, Ana María descubrió mediante una lectura de pie que en su niñez fue maltratada por su padre, cuestión que ella no recordaba, inclusive dijo que no era cierto. Tiempo después, Ana María le preguntó a una tía abuela si de niña había tenido alguna experiencia negativa con su padre; la tía contestó que sí: su padre prefería a su hermana, quien siempre fue la consentida, mientras a ella no le dedicaba el mismo tiempo ni las mismas muestras de cariño. Aunque su padre la quería, esto ocurría seguramente porque su hermana era más parecida a él.

Ana María recordó en ese momento que siempre se esforzaba por agradar a su padre, quien tenía un parecido impresionante con su jefe. Esto le ayudó a comprender su situación laboral, renunció, encontró un trabajo donde no se sentía estresada y, lo más importante, no volvió a experimentar esos dolores en la pierna, que casi le impedían caminar cuando la situación se agravaba.

Pie plano

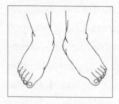 Es un tipo muy interesante porque presenta tres opciones: quienes nunca hicieron nada por corregir el defecto, a sabiendas de que podían hacerlo; los que nunca se dieron cuenta —aunque no lo crean—, y quienes lo corrigieron con ayuda del ortopedista.

Para los primeros la vida es lo que les depare el día; no suelen preocuparse por las cosas hasta que deben enfrentarlas; se les hace fácil dejar las metas que tenían y adoptar otras, sin importarles que terceras personas puedan ser afectadas, porque nada es más importante que ellos mismos.

A los segundos les cuesta mucho conseguir lo que desean en todos los ámbitos, desde el profesional hasta el afectivo; no terminan de salir de una cuando ya están en otra; la vida los mortifica con pequeñas cosas que para ellos se convierten en los pesares más terribles y dolorosos; deben el recibo del teléfono, el gas, se les pierden las llaves, se ven atrapados en un tránsito terrible cuando deben llegar a una cita de trabajo, los abandona la pareja y no saben qué hacer; se preguntan por qué la vida los maltrata, pero les cuesta trabajo darse cuenta de la profundidad de las cosas. Este tipo de personas por lo regular debe resolver karmas y no siempre lo saben, pero cuando logran darse cuenta del problema son las más afortunadas: cierran los círculos adecuados y de alguna manera se ubican en lugares privilegiados donde su capacidad resaltará y les permitirá hacer grandes cambios.

Para los terceros la vida es un pequeño gran misterio, siempre tienen planes que cambian por circunstancias ajenas a su decisión, se enfrentan a un enemigo poderoso que es microscópico y habita dentro de ellos, son su propio verdugo dado que ellos mismos decidieron lo que debían corregir; por temporadas se vuelven seres aislados que desean disfrutar la destreza que tienen para escuchar su voz interior. Llegan a desarrollar un magnetismo increíble con los fenómenos paranormales y extrasensoriales, pero es entonces cuando se sienten presionados por la vida común y corriente, ya que perciben que tienen un llamado "especial" y no saben cómo ni cuándo encontrarán el camino paralelo a su andar. Las personas con estas características tienen raptos de lucidez y locura para crear o destruir; son imparables y aceptan que la vida los lleve del cielo a la Tierra y viceversa, porque aceptaron parte del reto y de estas pruebas. En su destreza para resolver situaciones no comunes ni corrientes, podrían hacerse acreedores a merecer el último tránsito en la Tierra.

Pie de atleta

Es propio de los deportistas, quienes la mayor parte del tiempo tienen los pies dentro de zapatos deportivos; por tal razón, están húmedos, sufren cuarteaduras, despellejamiento, orificios entre los dedos, sudoración excesiva y se vuelven antiestéticos. En este tipo de pie existen dos opciones: quien tiene los pies así porque es deportista y quien no es deportista.

En el primer caso conocen sus decisiones y asumen los resultados sin temor a equivocarse; no se detienen ante nada, tienen una férrea voluntad en alcanzar sus metas y no se dejan intimidar. Toman la vida con filosofía y aprenden a ser pacientes y tolerantes consigo mismos. Por ello se les hace fácil enfocar su atención en cualquier actividad que realizan; cualquier tropiezo es una oportunidad para mejorar sus debilidades y fortalecer su espíritu.

En el segundo caso se trata de personas necias, no saben escuchar y necesitan experimentar crudamente lo que podrían haber evitado. Además, le tienen un poco de miedo a la vida, siempre encuentran excusas para no realizar las tareas que les son asignadas; viven de manera mediocre, pues se conforman con lo que la vida les depara, aunque en realidad no están contentos y culpan a la vida por lo que no pudieron controlar.

Pie helénico

Lo denomino así haciendo alusión a la belleza de Helena de Troya. Se caracterizan por ser perfectos y hermosos. No tienen huellas de maltrato, por consiguiente no tienen callos, juanetes ni nada que se le parezca; son tersos, lozanos y poseen un olor agradable.

Estos pies ofrecen dos significados: el primero, que el espíritu de quien los posee está por última vez aquí, o sea, no regresará porque terminó con la historia de sus karmas y pudo al fin completar su misión; por eso no tiene rastro de sufrimiento en los pies: cerró sus círculos y está libre. El segundo significado indica un espíritu joven y con mucho por aprender, sin rastro de las afecciones más comunes en quienes sufren de los pies a diario. Ambos significados se encuentran en polos opuestos, pero pueden unirse. Es importante decir que este tipo de pies es más común en mujeres que en hombres, pues aunque en ellos los hay, es difícil encontrarlos.

Asimismo, las personas con pies helénicos suelen dividirse en dos tipos: las que desde pequeñas recibieron el cariño y la aceptación de sus seres queridos; sobreprotegidos y consentidos, en la vida las cosas les llegan de manera fácil y desde jóvenes son dueños de sus obras; les gusta trabajar mucho para obtener lo que desean de manera material, son afortunados en el amor y de hecho es difícil que estén solos; se enamoran de personas mayores porque sienten que los van a proteger y cuidar. También son algo caprichosos, se vuelven exigentes; cuando algo inofensivo altera su estabilidad, no toleran verse contrariados y se muestran irritables varios días hasta que perciben su entorno otra vez tranquilo. Suelen ser perseverantes y alcanzar sus metas; por lo general no son nada humildes frente a sus semejantes.

El otro tipo de personas que tienen pies helénicos son extremadamente despreocupadas: piensan primero en ellos, después en ellos y al final en ellos; se interesan muy poco por lo que le sucede a los demás, aun cuando hayan provocado el sufrimiento de alguien. Siempre la pasan bien y no les importa a costillas de quién deban hacerlo, les gusta ser adulados y reconocidos —eso les da seguridad frente a los demás—, y por ello muchos eligen profesiones de actores, modelos, cantantes, oradores y artistas. Pero entre estas personas no sólo existe el deseo de reconocimiento, pues algunos son estupendos al realizar su trabajo.

Pie egipcio

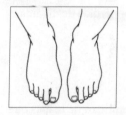 Su característica más importante es que el dedo índice es más grande que el pulgar, mientras los otros tienen tamaño normal. Esto es muy interesante, pues nos habla de una persona con inteligencia sobresaliente y, a la vez, indica un espíritu muy viejo a punto de completar su misión: es probable que sólo le resten una o dos vidas para completar sus karmas. Tienen una percepción muy especial regida por el sexto sentido y pueden ser grandes astrólogos, médiums, artistas plásticos, bailarines. Se interesan por todo lo relacionado con las humanidades y, al mismo tiempo, lo esotérico. Logran amasar grandes fortunas y emprender negocios millonarios; su batalla más difícil la libran en el camino hacia el amor, donde se llevan sorpresas muy desagradables. Ello seguramente se

debe a un karma pendiente y hasta que aprendan la lección podrán liberarse de él; si ponen atención a esto, es posible que conscientemente reconozcan el patrón que han repetido hasta el momento y puedan encontrar a su alma gemela; pero mucho cuidado, aun cuando el ideal mas alto de estas personas es ser felices en el amor y hacer feliz a alguien más, pueden confundir la pasión con el amor, pues son suma- mente pasionales; se dejan arrastrar por momentos de debilidad y perdonan los más grandes agravios, lo cual trae como consecuencia la pérdida de dignidad.

Pie continental

Su particularidad es la gran cantidad de mapas que existen entre los dedos: pareciera como si ahí mismo se nos dieran las coordenadas exactas para llegar a una isla y desenterrar el tesoro. Estos mapas se origi- nan en colonias de hongos que son muy difíciles de quitar y, lo más importante, significan una ruptura entre lo físico y lo espiritual: una lucha en la psique, cuya descarga resiente el cuerpo. Son personas ines- tables, se quedan sin trabajo por largas temporadas y cuando encuentran uno les hace ver su suerte. Tie- nen vidas azarosas porque tardan mucho tiempo en tomar una decisión. Cuando tienen grandes pérdidas no les gusta hacer cambios para que la vibración sea diferente y temen perder una supuesta estabilidad para no romper con sus rutinas. Un remedio para estas personas es decir lo que sienten a quienes los maltratan y evitar llenarse de rencor. Por supuesto, llevará tiempo, pues no todos los seres humanos expresamos con libertad y desenfado lo que sentimos y nos oprime; para estas personas será importante hacerlo, evitar que se repita la situación enojosa y se convierta en un karma de esta vida.

Pie de tamal

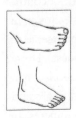 Antes de hablar de este tipo daré una definición del tamal. Así, quienes lean este libro entenderán mejor de qué les hablo.

El tamal, originario de México, deriva del náhuatl *tamalli*, alimento hecho a base de harina de maíz y manteca de cerdo o vegetal, que forma una masa cremosa; se rellena con carne de res, pollo o puerco previamente guisada en chile rojo, verde o mole; todo se introduce en hojas de maíz o de plátano, cocinadas dentro de una vaporera. Esa masa cocida adquiere una consistencia suave, porosa, agradable a la vista, al gusto y al tacto; sin embargo, cuando en México una persona se refiere a los pies de otra como de tamal, significa que son rechonchos y algo desparramados, sin una forma definida.

Este tipo de pie puede tener las siguientes características: cuadrados, pequeños, con dedos parejos, muy gruesa la parte del empeine. Son personas llenas de vida y energía, todo lo dan a los demás; de alguna manera, hay algo que no llega a sus vidas, pero lo buscan. Internamente, pueden convertir esa falta en enfermedad, depresión, tristeza. A menudo, de pequeños han sufrido un daño o lesión emocional. Les sudan mucho, sobre todo cuando están nerviosos o esperan alguna noticia que puede cambiar el curso de su vida; tienen la capacidad de encontrar trabajos lucrativos, pero se sienten satisfechos en un lugar donde reciban puntualmente su quincena, sin importarles otras opciones y un mejor puesto. Duran 25 o 30 años en la misma empresa, encanecen con los directivos y nunca se dan la oportunidad, por "comodidad", de salir y buscar algo mejor. Las mujeres con este tipo de pies en ocasiones son muy aficionadas al vino en grandes cantidades; su espíritu dionisiaco causa estragos en su imagen, por lo que deben poner especial atención en este importante punto.

Pie oriental

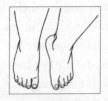 Es muy pequeño, cuadrado, como el de una muñeca; las uñas apenas se notan, la planta es dura y de color amarillo o rosa; usualmente sudan mucho, esté o no nervioso su dueño. Quizá no armonicen con el cuerpo. Pertenecen a grandes mentes que no se deciden a crecer. Estas personas tienen un gran potencial interno, pero dan pasos tan pequeños que la gente apenas las ve; quieren sentirse todo el tiempo como niños, se avergüenzan si alguien reconoce su talento e inteligencia, lo cual es su principal problema; vienen a esta vida para aprender a amarse a sí mismos y no avergonzarse de alguna minucia física que, en su caso, les parece imperdonable. Cuando se deciden a usar su potencial les cambian pies y uñas.

Pie de druida o de mago

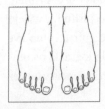 Lleno de rayas heterogéneas, los dedos parecen tener cabeza; son delgados en el tronco y gordos en la punta, parecidos a los de E.T.; quienes los poseen son de

naturaleza voluble y carácter fuerte; quieren cambiar constantemente y por ello descontrolan a cualquiera. Cada día sus planes son diferentes, tardan mucho en ubicarse en el tiempo y el espacio. A algunos, les hace bien; a otros, los perjudica y trae muchos conflictos en la vida; se hacen mucho daño y lo hacen a otras personas. Se ganan a pulso el que se les tilde de bipolares por la gran cantidad de disparates que dicen y, al final, terminan haciendo lo contrario; creen que juegan con los demás, pero en realidad están dentro de su propia mentira y ésta termina por destruirlos; muchas de estas personas se identifican con el espíritu dionisiaco, se entregan a la fiesta, el alcohol y son propensas a las drogas, hay quienes recorren estos caminos porque tienen que tocar fondo para salir del círculo vicioso: Si superan esta situación rompen con un karma de vidas pasadas; pero si no pueden con sus excesos, lo pierden todo. Muchas son capaces de levantarse varias veces de esos terribles dolores del alma, pero suelen confiarse y repetir el error. Esto señala un fracaso espiritual que, casi siempre, termina por convencerlas de su incapacidad para vivir su propia vida y se deprimen, angustian y entristecen. Sólo un espíritu muy viejo y de firmes convicciones puede erguirse como ave fénix y renacer de sus cenizas; si lo logra, la recompensa será alcanzar otro nivel de conciencia y tal vez su última contingencia.

Pie de cocodrilo

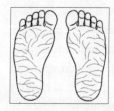 Lleno de rayas desde la planta hasta el dorso, tiene una textura húmeda y arrugada, con cuarteaduras; no importa si los pies son alargados, rechonchos, pequeños o muy grandes: las personas seguramente han atravesado por situaciones que van del suelo al cielo; son afortunadas porque cuando les suceden cosas imposibles de solucionar, casi siempre encuentran la manera de salir ilesos, ya sea física, emocional o espiritualmente; pero cuando les viene una mala racha se refleja en la salud: padecen enfermedades recurrentes si a nivel emocional la persona no cuida de su ser como debe y aprende la lección.

Pie de bebe

Los pies de estas personas parecen ser los de un bebe, ya que su cuerpo luce descomunal y enorme. Parecen, con todo respeto, una caricatura, es decir, dan la impresión de estar adheridos a sus pies sin tener relación alguna con su estatura y composición ósea. Son personas que se trazan grandes metas y por lo regular las logran, aunque no les importan las consecuencias que les generen a otros. Tienden a mentir fácilmente y se vuelven expertos en ese arte, terminan creyéndose sus mentiras y son también fácilmente influenciables pero para hacer cosas negativas. Tienden a experimentar con todo aquello que les cause curiosidad: drogas, juegos de azar, apuestas, carreras en moto o arrancones… Viven al límite y pueden llegar a trabajar saliendo de una fiesta. Si se enamoran de alguien no les importa perder la dignidad y rogar hasta ser aceptados, sin importar si es una relación sincera o por conveniencias, pero con su familia son muy sarcásticos, faltos de respeto y en ocasiones se avergüenzan de sus padres o hermanos, pues siempre están persiguiendo lo económico y tratan de demostrar ser lo que no son y viven de apariencias.

Pies descuidados

Las personas con este tipo de pies están concientes de que no los cuidan y cuando por alguna circunstancia van a descubrirlos frente a otra persona enfatizan: "Tengo los pies horribles, no me los cuido". Es una forma de decir "Están feos, pero eso no afecta en nada lo que pienses o sientas por mí, a mi no me afecta tampoco lo que tú tengas en mal estado y ni pena tengo". Estas personas son despreocupadas, viven el día. No quiero decir que estén con en el aquí y el ahora, más bien si están en una fiesta, qué bueno; si no, también. Son indiferentes a lo que sienten por ellos o lo que ellos sienten por los demás. Les importa sólo lo que tienen que hacer, ni más ni menos. Una relación con una persona así es para terminar jalándose los cabellos pues parece que todo les da igual y no se avanza, de ahí hay que salir huyendo.

Pies silvestres

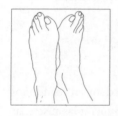 Estos pies crecieron tal como su nombre lo indica y el dedo pulgar es el más pequeño de todos, semeja una mano. Son personas con exceso de energía y tardan mucho tiempo en canalizarla en algo que de verdad les agrade o les haga sentir mejor, tienen un carácter irascible y explotan, no les importa ofender a las personas. Sin embargo, cuando se trata de mediar, pueden ser grandes escuchas que emitan una opinión justa y objetiva por la inteligencia que les caracteriza; tienen las polaridades muy exacerbadas pues si están de buen humor, todo es felicidad y si están de malas tienden a pensar caóticamente. Se esfuerzan siempre por dar lo mejor y todo el tiempo se están calificando, odian

verdaderamente cometer errores y no se los perdonan a sí mismos, son muy obstinados y miden constantemente sus logros; los hace felices ser valorados, pues cuando esto no sucede se sienten intranquilos. En una edad temprana gozan de tener pareja pero no para casarse, la sola idea les aterra; sin embargo, cuando se enamoran piensan en el amor ideal y en formar una familia para siempre. Su gran lucha interna los lleva a experimentar búsquedas espirituales y en general no les satisface ninguna, la mejor forma de lograrlo es aquietando sus pensamientos, desconectarse del pasado y aceptar el presente.

Arco caído

Las personas con esta singularidad sufren abandonos que las marcan por largos años. Superar las ausencias puede ser la verdadera misión de su vida, pues este círculo puede abrirse desde su nacimiento: niños abandonados en la calle, que viven en casas hogar, con familiares, amigos y parientes, no importa si la situación se dio de manera voluntaria o involuntaria. Aquí intervienen muchos factores que en ocasiones no dependen de los seres humanos, como en caso de muerte; a veces hay abandonos, por así llamarlos, cuando una madre al momento del alumbramiento pierde la vida o padece una enfermedad; al padre puede ocurrirle también una tragedia que termine en deceso. En fin, esto va más allá de lo que podemos deducir en una primera impresión, pues también interviene el karma. La ruptura de un matrimonio puede afectar la vida de los hijos por la ausencia de alguno de los dos en el hogar; esta situación se dramatiza hasta la madurez, ya que los hijos, hombres o mujeres, pueden engancharse con un patrón semejante al de la madre o el padre. Ello depende de la indigestión espiritual con la que se hayan conectado. Sólo rompiendo la cadena básica puede solucionarse el problema, pues el ser deja de sufrir con los antiguos patrones y entiende que no necesita como pareja un padre o madre, según sea el caso, y deciden equilibrar su vida y sentirse libres.

Me gustaría poner un ejemplo para ilustrar de mejor manera esta situación.

Elena es una mujer de 34 años, profesionista, estudió administración de empresas y trabaja en un despacho de derecho corporativo; tiene buen sueldo, un grupo de amigos agradable, toma vacaciones una vez al año y se siente bien con lo que hace a diario. Sin embargo, los vínculos de pareja son su talón de Aquiles: luego de empezar una relación descubre que su pareja no quiere formalizarla, que es casado o, en su defecto, tiene novia y ella le gusta para pasar el rato. Esta situación la ha mantenido mortificada varios años. En ningún noviazgo se ha sentido plena, todos la defraudan. Al encontrarme con los pies de Elena, descubro que su padre engañó a su madre y ella no hizo nada al respecto durante veinte años, hasta que un día el señor la dejó y se fue con una jovencita menor que Elena. Hasta aquí todo me parece muy claro: Elena se ha enamorado de hombres que, como su padre, han engañado a la esposa y sólo quieren tener un *affair* con alguien, el cual puede durar un mes, un día, diez años, según aguante la mujer que soporta la situación. Pero descubro que Elena se ha vinculado con estos hombres porque, en el fondo, no quiere una relación con alguien libre y decidido. Ella tiene pánico de que su hombre la deje y se vaya con otra, y al evadir la relación cree que evitaría un dolor mayor causado por la separación según su subconsciente. Así es como explico esta sencilla y a la vez difícil forma de vivir de Elena; pero ahora que sabe todo esto, su vida cambió y cree que lo mejor es no tener miedo y dejar que fluya la situación en torno a su persona y no a lo que subsiste como experiencias negativas de la niñez.

Dolor en el pie derecho

Un dolor agudo en el pie derecho señala problemas con el colon ascendente, descendente, transverso y el recto; lo que puede ocasionar estreñimiento y, a nivel emocional, la persona es renuente a mostrar sus sentimientos; se avergüenza de sus emociones, quiere esconderlas tratando de que los demás piensen que es implacable, controla absolutamente todo cuanto le rodea y tiene espíritu de hierro; sin embargo, necesita mucho amor para aceptarse como es.

Dolor en el pie izquierdo

En este caso la relación se da con los siguientes órganos: pulmón, pecho, corazón, hombro, diafragma, bazo, estómago, páncreas, cintura, nervio ciático. Encontramos que una molestia constante en este pie enfrenta la parte emocional del ser humano con su figura materna y que, seguramente, hay un débito: abandono, una reminiscencia dolorosa de la infancia que la persona no recuerda y, no obstante, sólo recuperándola podrá vivir en tiempo presente.

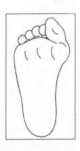

Juanetes

Las personas que desarrollan este padecimiento tomaron alguna decisión en el pasado que les causó un profundo arrepentimiento. Tuvo consecuencias desafortunadas o bien catastróficas que aparecieron después de ello. Hay también un sentimiento de impotencia por la pérdida de un ser querido, del cual no pudieron despedirse o decirle lo que por él sentían.

Los juanetes también indican personas en busca de una nueva vida en las grandes ciudades, que tal vez vivieron en provincias alejadas del ruido, tumultos y adelantos tecnológicos; por alguna razón se marcharon a temprana edad pensando, por supuesto, no regresar. Son amantes de la buena comida, el buen vino y las relaciones de pareja sólidas, conservadoras; buenos cocineros, les encanta tener invitados en casa; son también excelentes anfitriones y bailarines o bailarinas, sociables por excelencia; hacen largos viajes y tratan siempre de comprar algo para su cocina o bar, que sienten no podrán conseguir en ningún lado.

Todo esto crea una expectativa: seguramente si los pies permiten grandes cambios, entonces tendrán un futuro mejor. Pero no es así; deben entender que en los pies sólo se refleja nuestra vida, depende de cada quien cambiarla o no.

Uñas enterradas

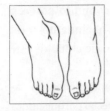 Cada uña de los pies alude a una parte del cuerpo humano y, conforme se entierran, revelan algo importante que debemos atender en nuestro cuerpo o en nuestra alma.

El dedo gordo se relaciona con la cabeza, desde migraña hasta pensamientos que nos causan agotamiento cerebral, aunque también involucra cuello y glándula pituitaria.

Los dedos índice, medio, anular y meñique remiten a los senos frontales, la cabeza y el área craneal; pero si vamos un poco más lejos, una uña enterrada en el meñique tiene que ver con afecciones de tipo emocional; si es en el pie izquierdo significa fractura de relaciones amorosas o de pareja; en el derecho, rompimiento con la familia o alguno de sus miembros.

Un punto muy importante aquí es si todas las uñas de ambos pies están enterradas: esta situación remite a una persona que ha pasado largos periodos enferma de hepatitis, diabetes, cirrosis, lupus, hipertensión, artritis reumatoide; en ocasiones éstas son enfermedades degenerativas cuya curación depende del nivel de conciencia de cada persona, como sucede a quienes tienen pie de cocodrilo.

Uñas espátula

Las uñas en conjunto parecen espátulas: su nacimiento sería la base y su borde el filo de este instrumento.

Estas personas tienen un carácter muy especial porque nunca se sabe qué sienten, si están de buenas o de malas, parecen tener un mundo aparte y cuando aterrizan dominan todo a su alrededor, les gusta estar solos y lo disfrutan, les encanta lo desconocido, lo que no es de fácil acceso. También son rebeldes, rompen las reglas con su actitud; inclusive pueden ignorar a quienes están cerca, si se hallan concentradas en algo que les mueve las fibras internas.

Van de lo gótico a lo *underground* y aunque en realidad no son oscuras, actúan como si lo fueran; en el fondo son de buen corazón y muy sensibles, aunque su aspecto o actitud muestre lo contrario.

Uñas ovaladas

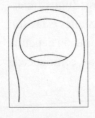

Son muy raras, pero las hay. Por su forma tan caprichosa, si se dejan crecer mucho duelen. Al igual que las uñas, los dedos son raros también: no muy largos, pero desde el tronco hasta la punta son parejos, sin bordes, como troncos pequeños, fuertes y muy duros.

Estas uñas indican que la persona es muy reservada, culta, con inclinaciones a la música, la lectura y las artes marciales. Las emociones son un punto débil; una parte de su ser físico es fuerte, resistente a las enfermedades, a lo que puede ocasionar que el cuerpo duela; su capacidad de recuperación es increíble, un día pueden tener un derrame o golpe aparatoso y dos o tres días después no les queda ni rastro.

Estas personas luchan por que la gente encuentre su equilibrio y sienten que deben aconsejar a los demás para evitar vejaciones; son mediadoras por excelencia y ponen en su lugar a la gente sin groserías o malos modos; si se involucran en una relación tienden a idealizar de manera desmedida a su pareja y su familia, no tienen ojos ni tiempo para nadie más, se vuelven poco objetivas al estar enamoradas y perdonan en repetidas ocasiones las infidelidades de su pareja, porque suponen que así serán más queridos; ignoran que con esta actitud les toman la medida, lo cual los torna predecibles. Sólo un verdadero chispazo de la conciencia les devuelve la cordura para terminar con la relación de una vez por todas, y entonces la ex pareja los busca.

Uñas cuadradas

 Las personas con este tipo de uñas son meticulosas, les gusta hacer todo a la medida, son estructurados mas no cuadrados, tienen un dominio del tiempo y el espacio que sorprende a cualquiera; su complexión es delgada y gustan de la comida ligera o aun vegetariana. En casos extremos se vuelven macrobióticos o *veggies* y entonces no comen un solo grano de cultivo: maíz, arroz, etcétera. Parecen frágiles, pero en realidad manejan un perfil bajo según convenga a sus intereses y son más listos de lo que uno piensa.

Son amantes del cine y nunca pierden de vista las mejores producciones y actuaciones. Se caracterizan por un humor negrísimo y eso hace que la gente no se meta con ellos, pues en ocasiones se les considera groseras.

No saben de reglas, las imponen y en cuanto a ropa sólo ellas entienden la forma de mezclar un suéter largo y encima una camiseta corta, una gabardina o abrigo con ropa informal en un día soleado. Se puede confiar en ellas, pero ellas no confían mucho en los demás y siempre eligen a quienes se les acercan.

Uñas redondas

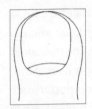 Son de personas más convencionales, adaptadas a los cambios, que consideran parte del desarrollo y evolución de las cosas. Son muy sociables y sociales, se relacionan fácilmente y por eso asisten a reuniones de todo tipo, donde conocen gente para trabar amistad.

Aunque las aventuras no son su fuerte, siempre tienen historias que contar; sin planearlo pueden estar dos días en una playa y después irse a otro lugar; todo les cae del cielo, es como si parte de su vida estuviera resuelta; sin tener dinero en abundancia, siempre son socorridos; conservan la salud intacta por mucho tiempo y sus relaciones de pareja generalmente son equilibradas. Lo único que saca de balance su vida es una enfermedad o accidente padecido por alguien cercano: empiezan a sentir que eso puede sucederles a ellas y les da miedo.

Uñas de los pies demasiado cortas

Este tipo de uñas están provocan un ardor constante a la persona, lo dejan al borde de sangrar. Las personas suelen cortarlas así para que sus pies se vean limpios. Sin embargo, lo hacen de vez en cuando.

Cuando no lo hacen, crecen enterradas, lo que indica que guardan sus sentimientos y almacenan rencor, ya sea dirigido a ellos mismos o hacia otros. En la infancia padecen muchos agravios y no se animan a contarlos a sus padres o tutores, lo que trae como consecuencia inseguridad y sensación de rechazo; para contrarrestar esto, llegan a comportarse de modo servil y callan todo lo que les molesta, hasta que no pueden más y, entonces, experimentan crisis nerviosas o de angustia, o bien pueden padecer parálisis faciales, preinfartos, agitación constante o los síntomas de una enfermedad sólo aparente. Su vida de pareja no es muy positiva si no usan la comunicación, al guardar tantas cosas puede ser que sólo estén viviendo una mentira, y no una situación en la que los problemas y alegrías de la relación realmente se compartan; si no logran expresarse, sus relaciones vuelven a lo mismo y terminan por aburrir a la pareja, a su jefe o amistades. Nunca dicen si desean algo, pueden anhelarlo toda su vida e incluso envidiar a otros, no son capaces de intentar hacer las cosas aunque se equivoquen, pues tienen más miedo al fracaso que a lograr lo que se proponen.

Uñas de perico en el último ortejo

Este tipo de uña semeja el de un perico, ancha en el nacimiento y enterrada y picuda hacia la punta.

Son personas que tienen muy desarrollado su sexto sentido, les cuesta trabajo asimilarlo, pero cuando lo consiguen pueden vivir de una manera relajada, sabiendo si deben o no preocuparse por lo que vendrá. Tienen mucha fuerza física y mental y tratan de ser reservados para no crear conflictos con aquellos que no estén de acuerdo con lo que piensan, omiten su opinión a fin de no entrar en discusiones estériles. Son reconocidos por la serenidad con la que afrontan lo que la vida les presenta, sea cual sea el resultado. Aunque su ideal es encontrar el amor puro y verdadero pocas veces lo logran antes de muchas relaciones fallidas, ya que dejan de ser objetivos cuando viven una relación y buscan justificantes para encontrar virtudes donde no las hay. Si pueden silenciar su mente y dejar que su interior los guíe pueden cultivar aquello que les plazca, si no, serán presa y objeto de aquello que les está dando vueltas y vueltas en la mente, que deben soltar para poder avanzar sin hacerse daño a sí mismos.

Primer orto (dedo gordo muy grande)

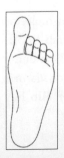

En la juventud estas personas son en extremo rebeldes, impulsivas, peleoneras; hacen una tormenta en un vaso de agua, no hay quien los modere, viven como si hubiesen venido al mundo a educar a los demás. La escuela es lo último que les preocupa, de hecho tardan bastante en salir de ahí; se sienten bien en compañía de gente más joven, pues son el centro de atracción y manipulan a los otros, además de que no les gusta estar en casa.

Cuando adquieren madurez son la otra cara de la moneda: rectos, organizados, quienes trabajan con ellos elogian su persona; pero cuidado, con sus hijos son implacables, les piden perfección, moderación, inteligencia y excelente comportamiento; llegan a utilizar la fuerza física para educar a los niños y son temidos como padres; por ello sus hijos son tímidos o rebeldes, les cuesta mucho trabajo abrir un canal de comunicación y mienten para no desilusionarlos.

Sin embargo, después de los 50 aceptan a sus hijos como son y se dan cuenta que invirtieron mucho tiempo en cosas que no valían la pena; empiezan a establecer un marco de respeto hacia los que aman y les dan su lugar y los apoyan.

Hongo en la uña del primer orto

Los hongos son molestos y difíciles de combatir. Algunos tratamientos duran más de dos años vía oral y cutánea. Por ello hay personas que se desaniman al no lograr resultados en corto tiempo. Su origen puede encontrarse en las siguientes razones: humedad, zapatos muy apretados, golpes en las uñas, pie de atleta mal tratado, caminar descalzo sobre superficies poco aseadas y comezón.

Si una persona atraviesa por una mala situación económica, y el hongo es persistente, esto indica que habrá pérdidas aún mayores, quizá propiedades u otro tipo de bienes materiales. Si la uña empieza a componerse, los problemas económicos tendrán una salida favorable; pero si la uña se cae, la situación será insalvable.

Como ya mencioné, este tipo de hongo se relaciona con pérdidas materiales, pero también llega al terreno sentimental y profesional; si está del lado derecho, habrá problemas en el trabajo, por ejemplo, un despido injustificado sin liquidación o un cambio intempestivo de puesto que no favorece la situación; del lado izquierdo significa ruptura en las relaciones de pareja después de mucho tiempo de permanecer juntos; un divorcio inesperado o soledad tras una relación conflictiva.

Estos problemas son superados cuando la persona dedica más tiempo a sí misma y adquiere conciencia de su cuerpo y espíritu; entonces se produce una sinergia que permite fluir la salud en ambos sentidos.

Un remedio casero para los hongos es sumergir los pies en un recipiente con agua tibia, donde previamente se viertan unas gotas de cloro y *tea tree;* si no desaparecen las molestias procura alivio, en tanto se consulta al podiatra o especialista.

Olores

En todas la culturas del mundo hablar de olores, aromas y fragancias; es un tema controvertido. Lo que para unos es agradable para otros no resulta así, y esto afecta directamente nuestro comportamiento, influye en el rechazo o aceptación de una persona o situación; de la misma manera, puede hacernos recordar acontecimientos archivados en nuestros más escondidos y profundos registros akásicos, sólo activados mediante un olor o una melodía. Por ejemplo, el afamado escritor Marcel Proust, pasó un día frente a una panadería cerca de Champs Elyseés, y percibió un aroma que desde niño no había experimentado: a partir de ese momento recuperó en varios tomos parte de su vida y a ese gran esfuerzo de escritura lo tituló *En busca del tiempo perdido.* En la obra habla de la importancia de los olores para recordar nuestras experiencias. De esta manera podemos relacionar algunas cosas con nuestra vida personal. Los olores corporales son importantes en nuestro círculo de amistades.

El sudor es la manera natural de refrescarse del cuerpo cuando siente calor: hace que las glándulas trabajen y mojen la dermis; y cuando el sol incide sobre la piel causa un olor desagradable; sin embargo, el sudor mantiene la temperatura ideal del cuerpo y elimina toxinas.

En los pies sucede lo mismo y el olor nos remite a una personalidad y una forma de ser; en páginas anteriores mencionamos la pecueca —el mal olor de los pies— originada por varios factores que aparecen a continuación.

Pecueca por el uso de zapatos sintéticos

El pie, al transpirar y rozar con un material sintético, origina que el olor natural se descomponga y combine con dicho material; si además no se usan calcetines, el olor después de algunas horas será fuerte, rancio, muy parecido al de los quesos añejos; y cuando los zapatos son utilizados a diario, el olor desagradable se propaga. Esto puede combatirse mediante aseo diario o con el uso de algún talco medicinal.

Pecueca por causas naturales

Tiene su origen en dos situaciones: por herencia y raza, o por la comida. Hay razas cuyo olor al transpirar es muy fuerte, como de carne cruda; no es precisamente un olor desagradable, pero nos remite a algo que está a punto de pudrirse. Ahora bien, este olor puede incrementarse si la dieta diaria incluye cebolla, ajo, curry y otras especias difíciles de digerir. Para corregir este problema se recomienda el blanco de zinc aplicado en la planta de los pies, o beber dos litros de agua mezclada con gotas de clorofila. Esto hará que los intestinos trabajen y eliminen de manera natural los mencionados alimentos, que al no ser digeridos de inmediato provocan el mal olor en los pies.

La pecueca como afección

No resulta fácil combatir las causas de la pecueca. Y si el padecimiento no se corrige mediante recursos externos, es posible que se origine en las emociones. El mal olor puede remitir a un suceso que provocó internamente un malestar en la psique del individuo y descontroló su organismo. Al no poder expresar su descontento, enojo, ansiedad o desesperación, la emoción se alojó en la sangre y se manifestó por medio del olor, porque los pies drenan dicho malestar. Aunque esa persona se vea tranquila, las emociones enturbian su interior: puede ser presa del miedo y estar cerca de un colapso nervioso; mucha atención cuando una persona manifieste las siguientes características, pues se puede prevenir una desgracia:

√ Aumento de peso

√ Hambre compulsiva

√ Falta de iniciativa

√ Depresión

√ Sensación de vacío

√ Pérdida de peso

√ Perdida del apetito

√ Nerviosismo

√ Falta de sueño

√ Insatisfacción

Es importante señalar que esta situación tiene remedio y que solo está dentro de cada persona el desear cambiarla para que de verdad surta efecto.

El siguiente tema es uno de los más importantes, porque a través de él se comprenderán sucesos que en nuestra vida diaria son incomprensibles y nos impiden avanzar; es decir, esas piedras en el camino que no entendemos, esos regalos inexplicables que según nosotros no merecemos y que se vinculan de manera directa con lo que llamamos karma.

¿Qué es el karma?

Hay tres tipos de personas:
las que mueren de preocupación,
las que se matan trabajando
y las que se aburren mortalmente.
Winston Churchill

En nuestros días es común oír hablar del karma: "tengo buen karma o tengo mal karma; con alguien estoy karmado o karmada; cuándo termina mi karma o tengo que saldar un karma, individual o colectivo". Surgen complicaciones cuando tratamos de encontrar respuesta tanto a lo que es el karma, como a lo que es nuestro karma. Y terminamos sin respuestas. Peor aún, sin poder entender lo que sucede, así que analicemos el tema.

Por supuesto, es importante saber lo que pasa en nuestras vidas. Si los únicos responsables somos nosotros, podemos modificar algunas formas de conducirnos y actuar en la vida.

Todo lo que en este momento poseemos —no importa si leemos este libro dentro de cinco o diez años— siempre está en el presente. Lo que este libro demuestra es justamente que lo que existe y se manifiesta en nuestras vidas el día de hoy, se relaciona directamente con nuestras encarnaciones anteriores. Claro está, también poseemos información genética que afecta directamente nuestro estado de salud.

La palabra "afecta" tiene connotaciones negativas, pues cuando digo "afecta" quiero decir que toca o forma parte de algo. Sin embargo, regresando a las encarnaciones pasadas, debemos mencionar lo que forma parte de nosotros mismos y de nuestros antepasados. A veces, las consecuencias de lo que hacen nuestros familiares debemos afrontarlas nosotros; y eso también es parte del karma.

La inteligencia es una expresión del espíritu que para manifestarse en nuestra vida diaria, en el terreno de lo físico o corporal, de lo que vemos y tocamos, necesita forzosamente medios o elementos físicos, como son nuestros centros de energía, también conocidos como chakras.

¿Qué es una encarnación?

No deseo copiar la naturaleza.
Me interesa más ponerme a la par de ella.
Georges Braque

Una encarnación es una vida y en cada vida gozamos de la inteligencia, que es una expresión del espíritu. Puede suceder que nuestra inteligencia pertenezca a un espíritu evolucionado, pero en el momento de entrar en contacto con esta vida, con la actual, pierde la memoria permanente llamada *etérica*. Lo que afortunadamente conservamos son los conceptos del bien y del mal. Por lo tanto, estamos de nueva cuenta aquí, de regreso, para seguir evolucionando, aprehendiendo y aprendiendo de las nuevas formas de conocimiento que se nos presentan, las cuales nos permiten darnos cuenta de lo que se llama prójimo y tomar decisiones para no dañarlo ni dañarnos. Es aquí donde se desarrollan los principios del bien común: no hacer daño.

Pero sucede que al encarnar en un cuerpo nuevo, el hombre pierde la memoria de todo lo aprendido en otras encarnaciones; asimismo, es muy posible que se deje atrapar por la belleza de la materia, del cuerpo, y entonces esa energía que siempre fluye del cosmos para abrirle paso en los caminos, se distorsiona a causa de sus pensamientos y desconecta su inteligencia del plan original; es común relacionarnos con personas de buen corazón que hacen daño a otros sin darse cuenta, o con personas que terminan haciendo malas acciones, aun cuando no fuera su propósito; deseaban ayudar y lograron lo contrario. Esto sucede con frecuencia en cualquier tipo de relación e inclusive entre padres e hijos, marido y mujer, hermanos y amigos. No nos explicamos por qué nuestros padres nos castigan por cosas que hacemos y después nos disculpan; o bien, no entendemos por qué mi pareja no se ha enamorado de mí como yo de él o ella, y sufrimos interiormente con este destino. Schopenhauer decía: "El destino mezcla las cartas, y nosotros jugamos". Es como ordenar las piezas, sin saber en qué momento las vamos a utilizar, pero teniendo en cuenta que cada una de ellas es fundamental para enfrentarse al destino.

Cualquier persona que haya regresado a este mundo para seguir aprendiendo y no logra su objetivo porque deja a un lado el camino del amor —que es el único que nos conducirá al bienestar genuino—, seguramente no completará su misión y tendrá que regresar a otra vida para terminar su encomienda y aprendizaje. Esta tarea no es fácil, pues un camino doloroso le espera por no haber realizado en su vida la misión que le correspondía. Y enfrentar esta situación puede llevarle años, hasta que se hace consciente y decide rectificar el camino o perdonar, según sea el caso.

¿Cómo volver a encarnar?

He tenido éxito en la vida.
Ahora intento hacer de mi vida un éxito.
Brigitte Bardot

Para volver a encarnar, es decir, regresar y hacerse de un cuerpo, una familia y un destino, es necesario pasar por el consenso kármico o junta kármica, que se encarga de decidir lo que en la nueva vida de ese ser le conviene experimentar. De esta manera puede evolucionar, dependiendo de lo que hizo en la vida anterior, sin olvidar cómo nació, vivió, murió, y qué hizo durante su estancia en la Tierra.

Siempre he dicho que uno mismo trabaja por lo que tiene en la vida. Lo menciono aquí porque todo lo que nos sucede es el resultado de lo que convenimos vivir para "saldar" encarnaciones anteriores y superar fracasos. Lejos de pensar que las encarnaciones son algo tremendamente doloroso, debemos verlas como una gran oportunidad para hacer bien las cosas, después de equivocarnos.

Podemos ver el sufrimiento como algo necesario para no cometer los mismos errores. Si rechazamos lo que sucede, eso puede significar que no hemos entendido el mensaje del bien y del mal que podemos causar a nuestro prójimo. Si no regresamos a reparar nuestros errores volveremos a tropezar con la misma piedra; como cuando dejamos un lugar sucio y desarreglado sabiendo que otras personas van a ocuparlo; la consecuencia es que en otro momento debemos regresar a limpiar lo que hicimos y no precisamente en el mismo lugar; puede ocurrir que tengamos que limpiar lo hecho por otra persona y ello también conlleva una carga especial.

Detallando un poco lo antes mencionado, muchas veces hacemos cosas, decimos palabras y oímos conversaciones que no queremos, pero que, sin lugar a dudas, afectan a terceras personas. Pensamos que no debemos mover un dedo y dejar las cosas en su lugar. Esto es un error. Si hacemos algo que no deseamos, impulsados por un sentimiento de ira, enojo u otro semejante, lastimamos a un ser humano y no le damos una disculpa. Esto se queda grabado en nuestra memoria y causa malestares muy serios, no importa cuál sea la índole y el alcance que tenga. Lo mismo pasa si en un arranque de coraje lanzamos ofensas; peor aún, si oímos que hablan mal de un amigo y no nos expresamos en su favor o ponemos un alto a quien le trae entre ceja y ceja, es hacerle mal a otro. Y lo más seguro es que si no actúo conforme me lo indique mi corazón, habrá serias repercusiones en mi persona, por haber hecho algo que no deseaba y afectó a otros. No fui capaz de enfrentar en el momento justo a la persona o personas que agredieron a un ser querido, o no pude frenar mi ira y la desaté contra el primero que tuve enfrente.

Una persona que utiliza sus conocimientos para hacer daño a los demás, seguramente en otra vida correrá la misma suerte; o alguien muy inteligente que no ayudó a otros, puede encarnar en una persona con deficiencias mentales e incapacitada para comunicar su sentir.

La vida nos presenta oportunidades, pero en ocasiones nos damos el lujo de rechazarlas, aunque en algún momento tendremos que hacer una pausa y regresar. El único inconveniente es que cuando nos demos cuenta, es probable que hayan pasado varias vidas o perdido algunos cuerpos. Por esta razón emprendemos relaciones dolorosas con parejas que siempre nos abandonan, no valoran nuestro interior, sólo buscan compañía para llenar un hueco, no para compartir momentos de alegría.

Como podemos darnos cuenta, hablar del karma no es tan fácil como lo imaginamos; no consiste en querer remediar las cosas y ya: requiere de mucha concentración en uno mismo para tomar determinaciones que permitan un acercamiento al problema real; es decir, a lo que en verdad es sanar y saldar el karma. Porque a veces nos reducimos a pensar en blanco y negro, dejando a un lado los colores que pueden darle brillantez a nuestra vida. Además, olvidamos que existe la ley divina y cuando faltamos a ella, nos vemos inmersos en el pago kármico.

Hacemos a un lado las leyes del orden divino y, por lo tanto, empezamos la cadena del dolor a consecuencia de nuestros errores. Sin embargo, este dolor es el primer paso para liberarnos de la lápida que venimos cargando y nos ayuda a purificar el alma.

El karma, lejos de ser un obstáculo, es una ardua tarea que se propone enseñar, dejar huella en la vida del hombre y provocar su evolución espiritual. Como seres humanos tenemos la responsabilidad de elegir nuestra vida y hacer con ella lo que consideramos mejor; con base en ello construimos nuestro destino, como veremos en el siguiente ejemplo:

Un día estaba un albañil apilando ladrillo sobre ladrillo; llegó otro albañil y le preguntó:

—¿Oye, qué estás haciendo?

El hombre contestó:

—¿Pues no ves que estoy apilando ladrillos?

Muy pensativo, el segundo albañil se dirigió a un tercero y le preguntó:

—¡Oye tú!, ¿qué estás haciendo?

Y se apresuró a contestar:

—¿Qué estoy haciendo?, ¿pues no ves?, tratando de levantar una pared de dos metros antes de las dos de la tarde.

Entonces el albañil que interrogaba se fue

a trabajar, y el primer albañil entrevistado preguntó al tercero:

—Oye, ¿ese hombre también te preguntó qué estabas haciendo?

—Sí —contestó el otro.

Entonces ambos decidieron preguntarle qué hacía él, por qué preguntaba a los demás.

—¿Oiga señor, y usted qué está haciendo?

A lo que respondió el albañil:

—Pues mientras usted apila ladrillos y usted levanta un muro de dos metros en una mañana, yo hago una catedral.

Esta anécdota significa que todos los seres humanos tenemos los mismos elementos; la diferencia entre unos y otros es la manera de disponerlos y la óptica con que se miran.

Existen dos maneras de experimentar el karma: como algo doloroso, o como algo agradable y placentero. En el primer caso omitimos las leyes divinas y por lo tanto generamos dolor en nuestra vida para purificar los errores cometidos en otras encarnaciones; pero si el karma es agradable y placentero, se debe a la experiencia de un ser humano responsable de vivir conforme a las leyes: entonces su karma será de crecimiento espiritual y es muy probable que cuando ocurre de esta suerte, esa persona será llamada a vivir sin dolor, con una misión de guía que permita a otros aprender de ella. En este grupo encontramos a los grandes maestros que han traído iluminación al mundo a través de sus enseñanzas, y mediante los libros que recogen sus pensamientos.

De esta manera, no se trata de culpar al destino que nos ha tocado, sino de aprender a vivir lo que se nos presenta. Es muy cierto lo que decía Florence Nightingale: "Lo importante no es lo que nos hace el destino, sino lo que nosotros hacemos de él".

El karma colectivo

En cualquier época los pequeños han
tenido que expiar las tonterías de los grandes.
Jean de la Fontaine

Después de hablar del karma individual seguramente el lector se pregunta si existe un karma colectivo. La respuesta es: sí. La ley del karma funciona de manera colectiva o individual, si no seguimos el camino del amor; si hacemos a un lado la guía divina, el karma revela un remanente energético negativo y corrompe.

El karma colectivo se relaciona directamente con grupos, comunidades, pueblos y naciones, que de manera conjunta sufren un pago kármico: epidemias, hambrunas, plagas, o desastres naturales como avalanchas, inundaciones, temblores, tornados e inclusive terrorismo.

En la Biblia, en el libro *Éxodo,* Moisés y Aarón piden al faraón permita al pueblo de Israel salir al desierto a celebrar una fiesta en honor de Jehová, su Dios; también ofrecerle sacrificios para que el pueblo no sea castigado con peste o espada; mas el faraón les dice que Jehová no significa nada para él, por lo que no escuchará su voz ni permitirá la salida de los israelitas. Moisés y Aarón transmiten a Jehová la negativa del faraón, y entonces se desata una plaga de sangre en el río. Los peces mueren, el hedor se hace insoportable y ningún egipcio puede tomar agua por el asco que le causa; este mal se propagó en todos los depósitos de agua: estanques, ríos, arroyos, vasos de piedra y madera, por lo que no se salvó contenedor alguno. La gente moría de sed, pero el corazón del faraón no se conmovió al ver al pueblo sediento. Jehová envía una plaga de ranas que cubre toda la tierra de Egipto; mas el faraón sigue endurecido, por lo cual caen sobre su pueblo plagas de piojos, moscas, muerte del ganado, úlceras en hombres y bestias, granizo gigante, langostas, tres días de tinieblas y, finalmente, viendo que el corazón del faraón permanece inconmovible, Jehová envía la plaga de la muerte de los primogénitos, desde el hijo del faraón, hasta el de la sierva y aun todo primogénito de las bestias.

El faraón hizo caso omiso de lo que Moisés y Aarón le pidieron en nombre de Jehová y el pueblo pagó el precio de su desobediencia y soberbia: fue su karma y lo vivieron como un karma doloroso.

Estos pagos kármicos se vinculan con la decisión de un gobernante sobre su pueblo y la forma de dirigirlo, por lo tanto es responsable de lo que suceda en él; las personas que protagonizan una desgracia como líderes de un grupo, tienden a encontrarse en otras vidas para revivir ese fracaso, representando a grupos o pueblos enteros. No importa raza, nacionalidad, credo o sexo, pues en otras vidas fuimos otros; al igual que nosotros, los espíritus con los cuales nos relacionamos han tenido otros cuerpos y lo más seguro es que se encuentren con ellos, recordando que la ley del karma va juntando a quienes tienen un mismo karma.

En nuestros días, el karma sigue funcionando igual que en tiempos de la Biblia; todavía hay naciones que sufren hambre, guerra, malos gobiernos y opresión. En el mes de septiembre de 2001 vimos la destrucción de las torres gemelas en Nueva York, cuando dos aviones las atravesaron; fue un acto de terrorismo que cimbró al mundo entero y lo menciono porque nos permite ver cómo funcionó el karma.

Murieron muchos seres humanos; sin embargo, otros que trabajaban en los últimos pisos se salvaron: esto se llama karma, y el karma en ocasiones relaciona a algunas personas con otras que nunca conocieron y las une en la muerte; a otras las separa y esto se relaciona de modo directo con el remanente energético de otras vidas; muchos sufrieron fracasos en grupo y en esa ocasión la misma energía los unió y sobrevivieron.

La importancia de este hecho es que para dejar ese karma debemos nacer, vivir y morir despiertos, dándonos cuenta de lo que sucede y asumiéndolo.

¿Cómo saldar un karma?

La conciencia no nos impide cometer pecados,
pero desgraciadamente sí disfrutar de ellos.
Salvador de Madariaga

Sabiendo que hay karmas individuales y colectivos, se habrán percatado de que algunas cosas les suceden solos y otras en compañía de familiares, amigos o desconocidos; así como de diversas cosas que les han ocurrido, les ocurren y seguramente les ocurrirán, pues no basta con saber sobre el futuro cuando en el presente se nos impide continuar nuestros proyectos; y debo mencionar que ése presente es eterno, es una de nuestras grandes ventajas, pues siempre está a mano; no es que el presente se nos vaya, lo que ocurre es que todo el tiempo suceden cosas y éstas, aunque constituyen parte del pasado, nos señalan que a cada momento somos, nos renovamos, no dejamos de ser; no entramos en pausa y después nos activamos de nuevo, sino que siempre estamos en movimiento, aunque sea mínimo; por tal razón nuestro presente siempre será el mejor espejo para saber lo que nos depara el futuro.

La mejor manera de saldar, pagar, hacer a un lado, quitar de encima o resolver un karma es asumiéndolo; parece fácil, pero hacerlo es diferente. Sobre todo, qué es lo que debo saldar, pues si debo algo, seguro se lo debo a alguien, ¿cierto? Entonces, ¿cómo lo resuelvo? En el curso de nuestra vida se aparecen personas y cada una representa una historia en nuestra vida, o bien un párrafo, según su duración o importancia. Con estas personas tenemos diferentes maneras de relacionarnos; puede ser algo bueno u hostil, pero antes de establecer cualquier tipo de relación sucede que, desde que vemos a una persona, intuimos si el encuentro será favorable o no. De ahí la creencia en el amor a primera vista; y en una impresión inicial sucede exactamente lo mismo: es como un flechazo y surge en todo tipo de relaciones, agradables y enojosas.

Cuando nos enfrentamos por "primera vez" con alguien tendemos a reconocer a los espíritus, aunque ocupen otros cuerpos: en ese instante sentimos aversión o agrado. De esta manera entendemos por qué algunas personas cercanas se esfuerzan por agradarnos, pero a nosotros nos resultan insignificantes; o todo lo contrario, nos desvivimos por atender a una persona, nos esforzamos por conquistarla y agradarle, pero esa persona ni nos toma en cuenta; entonces debemos reconocer que no pasará nada porque los caminos están separados y sólo se unen para hacernos saber a quién acercarnos o de quién alejarnos. Ahora bien, si sabemos esto, ¿por qué volvemos a relacionarnos con alguien que ya nos hizo daño anteriormente? Sencillamente porque cuando el espíritu fracasa en una relación, en otra vida vuelve a recrear la misma situación; peor aún, intenta revivir un dolor para estar seguro de que en su nueva vida retomará un antiguo patrón de comportamiento; y aunque no le hace feliz, lo lleva a cabo con todo el sufrimiento posible y hasta sus últimas consecuencias.

No obstante, debemos recordar que para el espíritu sólo existen cosas posibles cuando conscientemente concentramos la atención en algo que deseamos o necesitamos; por ello podemos saldar y sanar los karmas, liberarnos de ellos y de la opresión que causan a nuestra vida. Lo único que necesitamos es encontrar en el horizonte la ley del perdón.

Las marcas de nacimiento

Al hablar de marcas de nacimiento sugiero la idea de la reencarnación: en Occidente no es una parte esencial de la cultura, dadas las filosofías religiosas que se practican en nuestro continente; sin embargo, para los orientales este concepto es aceptado y entendido, porque es connatural a su cultura y forma de pensar desde tiempos ancestrales. Por esta razón, hablar de marcas de nacimiento es indispensable para considerar la importancia de cerrar círculos de vidas anteriores en ésta, inclusive, cómo distinguir si en la presente encarnación se lleva a cuestas una marca de nacimiento anterior sin saberlo.

Por lo general, las marcas de nacimiento se presentan en niños recién nacidos en distintas áreas de su cuerpo. Pueden ser planas, protuberantes, de colores rojizos y las hay también de pelo; su origen se desconoce, pero no tienen ninguna contraindicación. Estas marcas de nacimiento se dan por una pigmentación de las células y se manifiestan en diferentes áreas de la piel; pero también hay marcas que no solamente afectan la piel, sino los huesos: fracturas, malformaciones y dolor en los huesos; asimismo, dentro de estas marcas se consideran los tatuajes. Explicaré la relación de las marcas de nacimiento con vidas anteriores.

En una vida presente es normal sentir punzadas, dolores, etcétera, considerados marcas de nacimiento; pero no se refieren a esta vida, sino a otra anterior que se manifiesta de nueva cuenta; es decir, puede señalarnos una marca que en esta vida es importante por su significado.

Como ejemplo mencionaré el siguiente.

Alejandra nunca tuvo dolor de huesos, hasta los 24 años en que, al desear embarazarse, le vinieron dolores muy fuertes, al grado de necesitar inyecciones para aliviarlos; esto se agravó cuando después de un año no lograba embarazarse; justo en este momento conocí a Alejandra y en su lectura de pies se reveló que en una vida pasada, al estar embarazada, se cayó de una escalera y se lastimó la columna; después de unos meses no podía caminar y el parto se complicó: el niño nació después de tiempo, ella quedó inválida y no pudo hacerse cargo de él. Lo importante aquí es que ella reconoció un miedo al parto de una vida anterior como marca de nacimiento en esta vida. Aunque los exámenes médicos no revelaban daño alguno, la marca estaba ahí, haciendo daño, en un momento en el que Alejandra recuperó uno de sus registros ancestrales. Mediante un trabajo personal ella pudo liberar el miedo a embarazarse, entendió que los huesos están íntimamente relacionados con la estructura ósea, que remite a la familia, a la forma en que cada persona vive y conforma su consciente colectivo.

Sólo un ejemplo. Ilustraré también el de los tatuajes, pues es más practico y permite a cada quien interpretarlos como experiencia propia o cultura general.

Tatuaje viene de la palabra polinesia *Ta-tau*, que quiere decir marca sobre la piel; sin embargo, en otras culturas los tatuajes se han utilizado como símbolo de protección ante adversidades, mala suerte, desencantos, los males del cuerpo y también como una distinción en el rango y jerarquía social. Pero lo importante aquí es la intención de quien decide tatuar su cuerpo: ahí es donde se manifiesta el poder que le damos a las cosas.

Antonio me hizo una consulta y quedó muy satisfecho porque sólo se leían cosas buenas en el trabajo y el amor; pero no atendió cuando le mencioné que llegaría un momento en que se le revelaría una protección de vidas pasadas que uno de sus ancestros no pudo darle por orgullo. Este antepasado se veía como un abuelo o abuela que se había peleado con su progenitor o progenitora por no estar de acuerdo con la elección de la pareja; pero al ver al pequeño vástago supo que debía darle toda su protección y fuerza y no lo hizo. Ahora este espíritu venía a entregarle lo que le pertenecía para poder descansar en paz. Antonio se sintió muy raro y me dijo que no tenía ningún antepasado con esas características por lo menos en esta vida.

Dos años más tarde, Antonio volvió a visitarme: me dijo que había terminado con la novia que tenía justo seis meses antes de casarse y que tenía sueños muy raros con dos hombres que lo sujetaban para colocarle algo en el cuerpo; no podía dormir, tenía sudoraciones y fiebre en las noches, lo que perturbaba su descanso y empezaba a hacerse una preocupación diaria.

Le dije que aunque no lo deseara, emprendiera un viaje para reencontrarse con su pasado, enfrentar el presente y poder vivir tranquilo, aceptando algo que le pertenecía y haría que su parte espiritual se desarrollara plenamente; en ese momento Antonio me dijo que todo era confuso, pero que si pasaba algo de eso me lo diría.

Casi tres meses después Antonio fue despedido de su empleo injustificadamente; con su finiquito decidió viajar a Asia y fue ahí donde empezó a sentir ansiedad, como si le faltara algo; se dedicó a viajar por pequeños pueblos alejados de las grandes ciudades y se encontró con un lugar donde muchas personas que venían de todas partes de Europa se tatuaban;

él no se sentía cómodo con la idea, pero luego de varios días decidió tatuarse. Cuando fue al lugar le pidieron que eligiera la figura y el lugar donde lo quería; decidió que en la parte inferior izquierda de la espalda, quería a una tinta un tigre de unos quince centímetros de color rojo.

Dos hombres lo sujetaron pues el dolor fue terrible; se quejó como nunca y el tatuaje se le ampuló, así que estuvo con fiebre y dolor, pero a la semana se sintió mucho mejor. Dice Antonio que este tatuaje le cambio la vida, pues se sintió más fuerte, capaz de soportar los embates y romper con sus propios paradigmas. Empezó a comprender que el tatuaje no había sido más que una forma de reconocer que algo le hacía falta, pues tuvo sueños donde un hombre oriental le decía que el tigre era su protector y debía usarlo siempre. Su viaje se prolongó, se dedicó a practicar artes marciales y se concentró en el *Wu Shu* por más de cinco meses. Soñaba cada vez más con un hombre mayor que le pedía perdón y le decía que haría todo lo posible para que encontrara su equilibrio y desarrollara su capacidad de alimentar su espíritu con cosas sensibles. Esto le permitió entender que en una vida pasada había dejado de practicar esta tradición por razones que él ignoraba y que, seguramente, tenían que ver con el pariente consanguíneo de otras vidas, el cual quería entregarle todo su poder y descansar en paz.

Al regresar a México, Antonio se dio cuenta que parte de su ser se había transformado; que realmente atravesaba por una etapa de reconstrucción interior que le permitía ver más claro y ser más sensato en sus decisiones; que cuando había deseado casarse no era el momento propicio porque no había desarrollado su parte espiritual, solo veía hacia fuera y no se interesaba en él; que había recuperado parte de su memoria de todos los tiempos y su poder de concentración al practicar el Wu Shu.

Como podemos observar, en algunos casos no es inmediato que estas marcas de nacimiento se hagan presentes. En los casos anteriores, específicamente el primero, la marca apareció en el cuerpo de la persona y desapareció cuando logró vencer sus miedos; en el segundo la marca no existía, sólo después de mucho buscar y padecer, la marca que llevaba Antonio desde sus otras vidas le reveló que tenía una parte espiritual a la que nunca dio importancia y había menospreciado.

No obstante, hay casos en los que las personas nacen con la marca, como lunares; pero hay otras más visibles: defectos físicos o congénitos que se repiten de otras vidas, porque en ellas no se tuvo la capacidad de aprender a aceptarlos. Por ejemplo, el labio leporino es un defecto de nacimiento que puede venir de un gen heredado del padre, la madre o ambos; durante el embarazo algunos factores que propician esta malformación son virus, toxinas y sustancias peligrosas incluidas en las drogas. Esta malformación causa dificultad para alimentarse, dientes mal alineados y, en algunas situaciones, infecciones de oído; en este caso representa un problema en la comunicación, por lo que es importante en la vida presente aceptar lo que se quiere comunicar y comprender. Esta marca también se relaciona con la capacidad de verse, quererse, aceptarse y hacer todo lo posible por tratar de cambiar y someterse a los procesos quirúrgicos disponibles para vivir mejor sin sentirse culpable, desagradable o mutilado. A veces sólo en el plano interno se puede solucionar el problema para no reflejarlo en el exterior. Cuando una persona puede reconocer sus defectos, su conciencia es mas clara y mayor su capacidad de reacción positiva para liberar cargas y conocerse mejor cada día.

Estas marcas de nacimiento son puntos angulares de nuestro recorrido en esta vida; no las reconocemos como algo importante, pero significan más de lo que uno piensa: esos dolores recurrentes que aliviamos con un relajante muscular, tiempo después regresan y con mas intensidad. Entonces tal vez valga la pena investigar el karma de vidas anteriores, aunque hago la aclaración de que no todos los dolores que se presentan en el cuerpo o las manchas, tienen que ver con esto. Para diferenciarlos basta hacer el siguiente ejercicio.

Si usted cree tener alguna marca de nacimiento que debe enfrentar, descubrir, eliminar o aceptar, debe recostarse en un lugar cómodo, respirar profundo y repetir lo siguiente:

A la conciencia universal pido me dé fuerza suficiente para escuchar lo que debo o tengo que hacer.

Después de unos minutos de quietud y relajación, en silencio pregunta si este dolor, afección, marca, etcétera, es de una vida pasada y forma parte de un karma. Dejas pasar algunos minutos y dentro de ti vas a escuchar un sí o un no; así sabrás qué debes hacer: te vas de inmediato al médico, o reconoces que hay trabajo interno por realizar. Y es lo suficientemente importante para que atiendas a tu interior y escuches a un especialista en el tema.

El perdón

La humanidad tiene una doble moral:
la que predica y no practica,
y otra, que practica pero no predica.
Bertrand Russell

Después del karma será conveniente adentrarnos en el controvertido tema del perdón. Entendido en su expresión más simple, es el único sanador para las heridas del alma, el cuerpo y el pensamiento; logra cerrar las heridas del pasado que sangran en el presente y, por consiguiente, no nos permitirán llegar al futuro con resultados satisfactorios.

Perdonar no sólo es una acción noble ejercida desde el fondo del corazón; es todo un arte que se adquiere mediante la auscultación continua de los sentimientos; es la noble tarea de avocarse a desenredar las telarañas que el tiempo ha tejido en la vida de una persona, llenándola de sentimientos pesimistas, cargas negativas de energía y sucesos superficiales.

Para llegar a la etapa del perdón es necesario saber cuáles son los dolores que nos aquejan y respecto a quién los hemos desarrollado. No se trata de encontrar el hilo negro, pero es importante ubicar el momento en que la vida, como por arte de magia, comenzó a jugarnos malas pasadas. Ese momento pudo ser cuando escuchamos una palabra imprevista y causó un desajuste en nuestras expectativas, por venir de quien no la esperábamos; como la risa, que es la ruptura de una continuidad: de pronto todo pierde sentido y cae en un abismo.

Es casi imposible creer que una palabra, o la simple respuesta de una persona, nos lleve a almacenar dolor, miedo, angustia y coraje. Pero es cierto. En ocasiones nos sentimos mal, no por lo que hacemos o permitimos que nos hagan, sino por lo que decimos y permitimos que nos digan y, en casos extremos, hasta por lo que vemos. Para alertar nuestros centros de energía es necesario eliminar cualquier malestar o síntoma que genera una experiencia negativa no liberada y que el cuerpo está almacenando. No siempre son grandes motivos los que llevan a sentir rechazo por un ser humano; puede darse el caso de que sólo con lenguaje gestual dos personas experimenten atracción o rechazo; y será motivo suficiente para que entre ambas surja una lucha por hacer que su autonomía predomine.

Siempre luchamos por la supremacía, por dominar a los demás; a veces no perdonamos a otros que alcancen metas que nos gustaría conquistar; pero aquí sólo nos resta entender que si ellos ya lograron sus objetivos, nosotros debemos fijarnos otros.

Siempre es mejor llegar a la meta personal que a la de otro, pues corremos el riesgo de compartir el sitio.

Cuando se nos hace imposible caminar un sendero nos instalamos en la autocompasión y carecemos de la brillantez de una persona con ideales y sueños; nos convertimos en una carga para nosotros mismos y ese peso es muy difícil de sobrellevar. Entonces empezamos a quejarnos de lo que nos sucede y desarrollamos un fuerte espíritu de murmuración que consiste en hablar mal de los demás, tratando de ver en ellos las carencias propias: es el efecto del espejo, hablo de otro pero me reflejo yo mismo en él.

Nos es muy difícil perdonar a quienes logran conseguir lo que deseamos antes que nosotros. Eso nos causa coraje, ira, odio, tanto en contra de ellos como en contra nuestra. Casi nunca reparamos en todo el sufrimiento o dolor que han experimentado los otros para llegar a alcanzar un ideal y nos sentimos con el derecho de opinar sobre sus vidas —casi siempre los despedazamos—, sin percatarnos de que realmente nos mueve la intención de entrometernos donde no debemos. Así se manifiesta la gran frustración por no haber estado a la altura de las expectativas de nuestros sueños, planes e ilusiones.

Cuando aprendemos a vivir con lo que tenemos, la vida misma se encarga de enseñarnos el camino por el cual nos será más accesible la cima de nuestras metas; debemos recordar que en el camino tenemos diferentes obstáculos, cada uno de valor incalculable, pues lejos de perjudicarnos nos enseñarán cómo vencer miedos y temores. De manera equivocada pensamos que cuando nos sucede algo desagradable estamos viviendo un castigo, sin darnos cuenta de que sólo es el comienzo de un suceso que, aunque duro, nos brindará las mejores satisfacciones en nuestra vida: nos permitirá saber de qué tamaño somos y qué grado de resistencia tenemos.

Aprender a vivir con lo que tenemos supone luchar por ser mejores y alcanzar la punta de nuestro iceberg, hacer un doble esfuerzo que permita la integración de nuestros deseos y nuestras acciones para lograr consistencia en los propósitos que tenemos.

Hemos hablado bastante de tener un camino, sendero o meta y no hemos dicho cuál es el principal motivo para dirigirnos a ella; este motivo es el amor, único móvil por el que debemos emprender una búsqueda o encuentro; si no deseamos caer en baches o abismos, debemos sentir la firme convicción de no entregar nuestro Yo a algo o a alguien alejado del camino que planeamos, haciendo hincapié en que lo más importante no es el objetivo que perseguimos, sino el camino para lograrlo y llegar al final.

Un día de lectura descubrí un testimonio maravilloso. Un atleta de alta resistencia que representaba a un país africano durante las olimpiadas celebradas en México en 1968, participó en el maratón de 50 kilómetros. Todos los corredores cruzaron la meta y el último en llegar, con mucho tiempo de retraso, fue un corredor en muy malas condiciones que venía arrastrando las piernas. Cruzó por fin la meta y se le acercaron varios reporteros asombrados tanto por su estado como por su esfuerzo físico; le preguntaron por qué no se retiró de la competencia si había sufrido una caída; él contestó: "Mi país me envió a terminar la carrera y cruzar la meta, no a abandonar aquello por lo que durante tanto tiempo me preparé". Cualquier otra persona se habría sentido muy mal si le hubiese sucedido esto, no se lo habría perdonado; mas este deportista demostró que lo importante es llenarse de amor para cumplir sus objetivos.

La ley del perdón busca, por medio del amor, otorgar a quienes nos han lastimado o herido una luz en su camino; de igual manera, hace posible que pidamos perdón a quienes hemos afectado. Esto no consiste en olvidar el hecho, porque sabemos de sobra que al vivirlo no podremos sacarlo de nuestros recuerdos; pero sí podemos dejar de lado el dolor de ese recuerdo para que no siga causando daño a nuestro interior y a nuestros sentimientos. Perdonar supone hablar de lo que sucedió sin huella de resentimiento, dolor o rabia.

Perdonando nos libramos de karmas negativos que pueden bloquear nuestros centros de conocimiento o chakras. Ya nos dimos cuenta de que esta acción llega cuando liberamos el hecho del dolor que nos causó.

El perdón ciertamente tarda en llegar, pero cuando se hace presente es la medicina más fina y efectiva; suministrado con amor logra restablecer hasta los sentimientos enterrados en lo más profundo de nuestro interior. Tomemos la decisión de perdonar o pedir perdón y sabremos que esta experiencia no se sustituye con nada, pues a cambio se recibe la sonrisa, el cariño y el amor de otro ser humano. En el peor de los casos, si no recibimos lo anterior, conseguimos tranquilidad y paz interior. Para ello te invito a hacer este ejercicio de visualización meditativa en el que pondrás a prueba tus sentimientos y sabrás si realmente necesitas pasar por la experiencia del perdón, ya sea a ti mismo o a alguien más.

Recuéstate en el piso, no sin antes asegurarte de que tu celular esta apagado, de que tienes 30 minutos para ti y no debes salir de casa a toda prisa para hacer una diligencia. Si no estas seguro de que sea el mejor momento, déjalo para después. Cuando lo hagas piensa que es por ti y para ti. En seguida, prende un incienso y pon música suave, lo cual te hará reconocer un ambiente de confianza que te acoge y conecta contigo mismo. Tras recostarte en el piso cómodamente, con ropa que te permita libertad de acción —puedes utilizar una frazada para no sentir frío y cerrar tus ojos—, centra la atención en tu respiración y visualiza como entra y sale de tu cuerpo el aire; será divertido, pues te darás cuenta de la temperatura del ambiente y podrás regular tus pulsaciones; respira de manera que oigas tu respiración y alcances un ritmo cadencioso; cada persona tiene un ritmo diferente, así que sabrás si estás alterado, agotado, etcétera. Esto dura alrededor de cinco minutos. Después afloja tu cuerpo y siente con cada respiración cómo tu tórax, quijada y frente descansan realmente; al dejar que tu cuerpo libere cargas físicas y espirituales, sentirás bienestar y placer al encontrar tu ritmo personal. Después piensa en aquello que no te deja vivir como te gusta o como lo has planeado toda tu vida; envuelve dentro de una burbuja gris esas situaciones, personas, cosas, sucesos; una vez que lo hayas hecho, envía esa burbuja a un hoyo negro del universo y, si tienes que llorar, hazlo; trata de relajar tu pecho y visualiza nuevamente una burbuja color rosa: entra ahí si eres tú a quien quieres perdonar, o bien mete ahí a quien deseas perdonar; no importa si es una o mil personas; emite rayos rosados con la energía del amor y entrégale a Dios este paquete, dile que ahí están tus pesares y que te ayude con ello; respira profundo y cuando sientas que es el momento de levantarte, tómate tu tiempo, ve despertando tu cuerpo poco a poco; te garantizo que si haces el ejercicio con toda tu fe, te levantarás con una visión diferente, más ligero, con menos peso. Tras esta experiencia dormirás como cuando eras niño, ya lo verás.

Como puedes darte cuenta con un solo ejercicio de visualización puedes eliminar muchas de las cargas que sientes cuando no has perdonado; el secreto reside en centrar toda tu intención en aliviar tus pensamientos, cuerpo y diario acontecer, pues cada minuto que pasa sin aliviar nuestro más profundo pesar sigue de frente y se pierde, se diluye y no reaparece hasta que sentimos dolor. Éste nos hace reparar en que algo anda mal y seguramente comprenderemos entonces que no perdonar se ha salido de control y es un malestar que invade gran parte de nuestro interior.

Las consecuencias de no perdonar son alarmantes. La forma más drástica es cuando una enfermedad se presenta de súbito, la cual remite a un odio terrible dentro de la mente y el cuerpo.

El cáncer en algunas ocasiones se presenta en esta etapa. Una tumoración sobre toda epidermis por una irritación constante provoca displasia celular. Cuando el sistema inmunológico está en óptimas condiciones erradica esta anormalidad, puede luchar contra ella; pero cuando se inhibe su acción se forma la displasia celular. El tumor puede ser maligno o benigno dependiendo del tejido afectado, esto nos indica que depende de lo que guardamos y la gravedad de lo que hemos generado en nuestro cuerpo.

El cáncer es la consecuencia en el cuerpo del roce constante de algo que lacera, hiere o altera nuestros sentimientos. Y cuando no se puede luchar con lo que está alojado en las profundidades del cuerpo, crece hasta hacerse maligno; por lo tanto debemos extirpar el crecimiento desmedido de lo anormal.

La tarea mas importante de la vida es restablecer una conexión con tu corazón; de lo contrario no podrás dejar atrás lo que te separa de la libertad.

Cada quien sabe dónde le aprieta el zapato

Estar preparado es importante,
saber esperar lo es aún más; pero aprovechar
el momento adecuado es la clave de la vida.
Arthur Schnitzler

Es usual que las personas con quienes nos relacionamos nos den consejos sobre la manera en la que debemos comportarnos o seguir adelante. Más aún cuando les confiamos un problema, rendimos cuentas de lo que hemos hecho: cómo, para qué y por qué; terminamos regañados y repetidas veces hasta nos ocasionamos un problema que no teníamos. Lo mejor que podemos hacer es saber dónde nos aprieta el zapato, como dice un conocido refrán; para eso debemos observar detenidamente nuestros zapatos y más adelante los pies.

Mediante la observación de los zapatos, nos daremos cuenta de que todo se origina dentro de nosotros. Ahora entenderemos por qué. Se piensa que quitándose los zapatos se aliviará el dolor que producen. Pero ojo, esto puede ser sólo un indicio de que necesitamos hacer a un lado un gran problema que está frente a nosotros y puede quedar en lista de espera para cuando sea demasiado tarde.

Esto es muy serio: en ocasiones, cuando vamos a comprar zapatos, observamos por horas los escaparates de las tiendas, somos capaces de recorrer kilómetros para encontrar los que nos gusten; y por fin aparecen unos zapatos nunca antes imaginados, nos cierran el ojo, nos dicen: "Mira, ¡aquí estoy!" Entramos a la tienda, los pedimos en nuestro número y después de unos minutos nos informan que sólo queda un par del modelo que deseamos, pero un número más chico; aunque no lo crean y parezca de risa, hay quienes se enamoran a tal grado de los zapatos que terminan comprándoselos porque les encantaron, se convencen de que la piel con el uso se aflojará. Eso piensan, pero el sufrimiento para que eso ocurra, es otro cantar. Por esta razón quiero detenerme un poco en este ejemplo, tomando en cuenta que triunfó la necedad, no la necesidad o la cordura.

Dice una conocida canción "tropecé de nuevo, y con la misma piedra..." Pues sí, los seres humanos somos los únicos que tropezamos con la misma piedra y no es cuestión de juego, lo hacemos a la menor provocación. Hablo de esto por el significado que tiene comprarse zapatos de un número más chico, sabiendo los estragos que van a causar a los pies; lo pasamos por alto, sobre todo las mujeres, tratando de satisfacer nuestra vanidad; metemos los pies en oscuros laberintos de dolor que quince minutos después nos avisan que algo no anda bien, que los pies enfrentan una lucha de espacio y si seguimos más tiempo ahí dentro los resultados no se harán esperar.

En las relaciones humanas sucede lo mismo, el ejemplo de los zapatos muestra cómo vemos a otros o a nosotros mismos al adentrarnos en problemas innecesarios; desde el principio sabemos que nos van a dañar, o que vamos a dañar a otros; no obstante, avanzamos por el mismo camino sin rectificar, dando margen a que las cosas sucedan irremediablemente y, por consiguiente, el dolor será nuestro único maestro.

Los pies muestran, sin duda, la huella de todos los zapatos usados y es sorprendente observar que algunas afecciones en los pies se relacionan íntimamente con lo que sucede en la vida. Algunas personas dicen: "estos zapatos me sacaron ampollas"; en realidad, los zapatos no urdieron un plan estratégico para que varias ampollas se dieran cita a lo largo del empeine, el talón o el dedo gordo: nosotros mismos llevamos nuestros pies hacia dentro de esos zapatos, que al carecer de espacio nos cortan la circulación en cierta parte, provocan el roce continuo de la piel con la costura y ocasionan las molestas ampollas.

De cierto creo que si algo nos causa una molestia, lo sabemos mucho tiempo después, hasta que nos alejamos de ello; así sucede con los zapatos, debe pasar una larga jornada de trabajo para prescindir de ellos, pero si es el único par que tenemos, entonces los problemas no terminan ahí. De la misma manera, en la relación con nuestros semejantes, si al parecer estamos obligados a volver al mismo lugar, debemos tomar las medidas necesarias para encontrar un lugar mejor donde quepamos con todo lo que tenemos y somos.

Entonces, lo anterior indica que hay una solución, si vamos a otro lugar y con otras personas; y si podemos cambiar de zapatos, ¿por qué es tan difícil tomar la determinación? Porque no estamos preparados y lo que creíamos era lo mejor para nosotros está muy lejos de llegar a serlo. Nos da pena reconocer que nos equivocamos y lo peor de todo es que nos equivocamos con nosotros mismos.

La mayoría de las veces nos creemos sabios a la hora de tomar decisiones importantes, pero cuando vemos los resultados corremos tan lejos y tan rápido que llegamos en un instante, sin saber por qué, al mismo lugar donde nos encontrábamos. Hemos escuchado las sabias palabras "piensa las cosas antes de hacerlas", y cuánta razón encierran. Lo más seguro, dicen algunos, es que volverían a hacer lo mismo y es cierto. La sabiduría de esas palabras no elude nuestro destino, nos lleva hacia él; cuántas veces tratando de hacer lo correcto resulta lo contrario o viceversa. Lo que necesitamos es acomodar las piezas donde hace falta; por ello, aunque pidamos consejo para resolver nuestros problemas, éstos buscan la solución que uno mismo tiene para ellos, pues la vivencia es personal. Por eso decimos que cada persona sabe a ciencia cierta dónde le aprieta el zapato.

Recuerdo una vez en la universidad, durante un taller de expresión, nos pidieron escribir un cuento. Begoña, una compañera, escribió uno titulado "Mis zapatos del 25" o algo parecido, en el que narraba las peripecias de la protagonista: a dónde va, cuánto camina, a qué personas visita; ya entrada la noche, llega a casa, arroja los zapatos a cualquier parte y se va a dormir; más adelante reflexiona en todo lo que sus zapatos hacen por ella; se da cuenta de que jamás los limpió, nunca se fijó si la suela estaba gastada y, aun así, maltratados, los zapatos la llevaron adonde quiso; la protagonista los mira por primera vez como objetos útiles, se acuerda que son del número 25, que además de proteger sus pies del frío, los llevan sanos y salvos a todo lugar, pero nunca les damos las gracias. Este cuento describe en parte el deseo de humanizar las cosas que nos sirven, pero a las cuales nunca les agradecemos el bienestar que nos proporcionan: nos damos cuenta de la falta que nos hacen cuando tienen un desperfecto o los desechamos.

Con nuestros problemas, como ya lo mencioné, solemos hacer lo mismo; no les damos importancia hasta que en verdad nos asfixian. También existe la otra opción: hay personas que diario piensan en sus problemas, pero nunca les dan solución; unos porque no pueden y otros porque suponen que, al resolver sus problemas, ya no tendrán en qué pensar. Y aunque no lo crean es cierto.

Para resolver nuestros problemas debemos verlos de frente, con pros y contras; evaluar el daño que nos causan y también el que pueden causar a nuestros semejantes. Sólo así obtendremos resultados de acuerdo con lo que esperamos.

¿Qué dicen los zapatos de todo esto?

Si algún día hicimos caso a las palabras de los abuelos, recordaremos haberles oído decir: los zapatos son el reflejo del alma; otros dicen que son los ojos o las manos; pero es cierto que los zapatos son uno de los reflejos más acuciosos de lo que cada uno de nosotros es. Por medio de ellos vemos si una persona es aseada, cuidadosa, escrupulosa; sucia, distraída, indiferente. Lo interesante es diferenciar los tipos de zapatos de los dueños y hacer un análisis más adecuado de cada uno.

Se supone que los zapatos fueron confeccionados para cubrirnos del frío y protegernos de piedras, tierra y polvo. En la actualidad ya no es lo mismo. Ahora los zapatos se han convertido en artículos especiales con formas, colores y texturas diferentes; sus diseñadores, intentando satisfacer todos los gustos, confeccionan modelos antes impensables, que se ponen de moda y causan furor en todo el mundo.

Los zapatos que a diario usamos revelan más secretos de lo que imaginamos: nos advierten acerca de las características de una persona y lo que podemos esperar de ella; y a partir de este momento debemos estar muy atentos, pues vamos a conocer más de nosotros y de nuestros semejantes. Empezaremos en esta ocasión por los caballeros, a quienes siempre dejamos de último.

A quienes les queden los zapatos espero que les sea de utilidad; a quienes no, tal vez encuentren algo relacionado con ellos o con alguna persona que les interese.

Antes de entrar de lleno al tema, quiero decirles, tanto a los hombres como a las mujeres, que el significado puede variar, pues también cuentan los pies que están dentro de los zapatos. Y no olvidemos que tratándose de los pies también hay "mucha suela para gastar".

Zapatos para caballero

 *Alpargatas:* cómodos zapatos obviamente utilizados por los españoles; pero para quienes los usan y no lo son, tengo noticias. El uso de alpargatas se da en hombres muy relacionados con el medio artístico, como pintores, escultores, bailarines y actores. Son hombres que buscan la comodidad dentro de un espacio cerrado para realizar sus actividades; tienden hacia lo bohemio y se alejan de las complicaciones del mundo de las finanzas; van a su ritmo y no les molestan las críticas, que, en todo caso, les resultan un halago. Será difícil para una mujer conquistar a un hombre de alpargatas, dado que ellos son siempre quienes toman las decisiones.

Borceguíes: se utilizan mucho en los países latinoamericanos, casi siempre por hombres de edad madura, convencidos de que ese es el zapato mas cómodo; van bien con traje, que es lo que regularmente usan y también con ropa formal; son hombres de comportamiento muy singular, casi nunca se sabe bien a bien qué piensan o quieren y hacia dónde se dirigen; son observadores y grandes conocedores de la buena mesa; les gusta el arte, pero rara vez compran algo. En el amor son realmente impredecibles, les gusta observar la relación desde fuera y rara vez confrontan a sus parejas.

Bostonianos: se caracterizan por tener la punta perforada. Son elegantes, formales y quienes los usan quieren justamente dar esa impresión, sienten que son sinónimo de rectitud, un ejemplo a seguir; les encanta ser el centro de atención y muchos creen que la vida les debe un favor. Su personalidad es como la forma del zapato, muestran una parte pero la otra está oculta; casi siempre viven a la expectativa porque tienen una doble vida y no pueden estar en paz; creen que toda la gente quiere hacerles daño y por eso arremeten contra quienes los aprecian o aman, pues prefieren ser victimarios que víctimas. Muy en el fondo sufren por lo que hacen, pero rara vez lo expresan: son orgullosos y no aceptan que necesitan de los demás.

 *Botas con cierre:* es uno de los modelos más utilizados en las grandes ciudades, permite a los hombres tener flexibilidad sobre su vestimenta; nos muestran a personas amables, serviciales y dispuestas a ayudar. Les desagrada provocar conflictos; por ello, en los trabajos dicen sí a todo y se quedan hasta la media noche en la oficina; en su vida personal son iguales, nunca dicen lo que piensan y se guardan sus sentimientos aunque les hagan daño o por temor a parecer cursis.

Botas de cocodrilo: quienes usan este tipo de botas quieren demostrar que para ellos no hay nada imposible; no importa cuánto cuesten las cosas, ellos las van a obtener. En cuestión de negocios no se detienen a pensar en lo que desean los demás, ellos llevan la voz cantante, les gusta el dinero fresco y en grandes cantidades. Con las mujeres son espléndidos, consentidores, hasta cierto punto muy celosos, no permiten que "su mujer" tenga otra actividad que no sea él. Tienen carácter fuerte, pero si encuentran a una persona desprotegida se les hace el corazón de pollo y le dan hasta la camisa. Si se aprende a conocer a estos hombres, pueden mantenerse estrechas relaciones de amistad y amor, el asunto es encontrar su punto vulnerable, pues en el fondo necesitan mucho amor.

Botas federicas: las usan hombres que necesitan estar sujetos a algo o a alguien, no pueden estar solos, todo el tiempo buscan una relación donde ellos puedan demostrar que son capaces de darse en la misma medida que su pareja. Tienden a engancharse en relaciones prolongadas y destructivas, son capaces de perdonar un engaño si de verdad están enamorados y tratan de exaltar positivamente los defectos de su pareja. Son muy necios y pasan el tiempo buscando pretextos para evadir su realidad. Luchan porque las cosas sean como ellos desean y no como se presentan; pero eso sí, tienen un gran sentido de la justicia y son grandes consejeros, aunque no puedan consigo mismos. Son apasionados y muy cariñosos. Tienden a engordar y son muy buenos trabajando.

 *Botas vaqueras:* son el sello distintivo de los hombres que buscan aventuras, emociones fuertes y que están dispuestos a vivir al máximo. Conocedores de la vida, les gusta tener una actividad social muy agitada; como los marineros, en cada puerto dejan un amor. Son fieles a sus principios aunque en ocasiones se meten en problemas por conseguir sus metas. Tienen un defecto: le cuentan todo a los amigos, no son discretos y eso afecta mucho su relación con quienes les rodean.

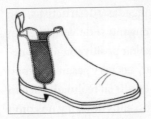

Botines: definen a quienes buscan resolver las cosas a la primera; son despreocupados y bonachones, van de un lado a otro sin saber qué harán mañana, siempre están soñando o dentro de sí mismo preguntándose qué desean hacer. Su espíritu es viajero, siempre tienen compromisos y son muy sociales. Sus relaciones son poco duraderas, pero ojo, casi siempre tienen, al mismo tiempo, una pareja formal y otra no tan formal.

Choclos: los hombres que los usan parecen ser el común denominador de lo que busca una mujer: son abiertos, poco complicados y muy receptivos a las necesidades de cualquier ser humano, hombre o mujer. No se buscan problemas gratis, les gusta pisar terreno firme y no hacer las cosas dos veces. Tienen fama de ser buenos deportistas y se vinculan con asociaciones o clubes. Son felices si encuentran una mujer que sepa cocinar. Eso "los mata": se les gana por el estómago.

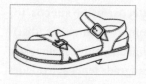

Huaraches: quienes los usan no se preocupan por lo que digan de ellos; son inteligentes, pero les gusta que la gente piense lo contrario. Se inclinan por las uniones libres y es probable que duren mucho con una relación; pero nunca se hacen a la idea de estar con la misma persona demasiado tiempo.

Mocasines: definen a los hombres irresistibles, que van caminando y "perdonando vidas"; son un encanto, pero sienten que el mundo no los merece. Por lo regular se saben atractivos y abusan de ello para conseguir lo que desean. La vida les pone enfrente todo tipo de regalos y se dan el lujo de despreciarlos. Excelentes anfitriones, conocedores de la buena mesa, gustan de tener gente en casa con quien compartir ideas y pensamientos similares. Se alejan de lo cotidiano, buscan en lo exótico la manera de ser diferentes.

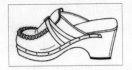

Suecos: usan suecos los hombres tranquilos, disciplinados, muy caballerosos; les agrada tener actividades fuera de lo convencional, rara vez se enojan, son muy buenos chefs y trotamundos empedernidos. Cuando formalizan una relación es porque quieren involucrarse verdaderamente con esa persona y lo hacen para siempre.

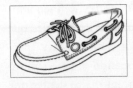

Top siders: ¡mucha atención!: si quienes usan estos zapatos son adolescentes no hay problema, seguro son rebeldes y les va de maravilla en todas las actividades que realizan; pero si son hombres que tienen más de 25 años, estamos frente a alguien que muy difícilmente madurará; tendrá una vida disipada y llena de problemas, con gran carencia de autoestima y profundo resentimiento hacia las mujeres; así que, sobre advertencia no hay engaño.

Zapatos de ante: los portan hombres que buscan dos cosas a la vez: comodidad y buen gusto; necesitan sentir que el terreno que pisan es propio, les molesta vivir situaciones límite y se dejan llevar por los demás, sin que esto signifique que así sea; tienen grandes cualidades y son muy políticos, pueden decir que sí a todo, pero nunca soltar prenda. Cuando llegan a edad madura les gustan las mujeres sumamente jóvenes, disfrutan su compañía, aunque rara vez se toman en serio estas relaciones.

Zapatos de charol: quienes los acostumbran disfrutan de los grandes placeres, se sienten transportados a otra dimensión; seguros de sí mismos y alejados de los problemas, viven convencidos de lo que quieren realmente en la vida; es el prototipo del esposo ideal. Son profesionistas destacados, cultos y con buenas finanzas.

Zapatos de horma francesa: los que saben de moda recurren a estos zapatos; son hombres vanguardistas, bien vestidos, perfumados; su característica principal es que no son guapos, pero tienen algo que los hace especiales. Cuidan hasta el más mínimo detalle en su vestir, son pulcros y refinados, tal vez no tengan mucho dinero, pero aparentan tenerlo. Es el tipo de hombre que al sonreírle a una mujer logra que se sienta perdidamente enamorada. Son muy codiciados, por lo regular encantadores y bailan perfectamente de todo.

Zapatos de horma italiana: los hombres refinados usan estos zapatos; son personas herméticas, con ideas arraigadas y prejuicios. No les agrada el trato con la gente y buscan estar solos la mayoría de las veces. Como padres son severos y muy exigentes; no toleran las equivocaciones de sus hijos y los sancionan cuando esto sucede. Piden mucho de los demás y dan muy poco; son ególatras y vanidosos; mas tienen una gran virtud: son puntuales hasta la exageración y el orden es lo primero que practican. Jefes muy respetados y tenaces hombres de negocios. Quien ose meterse con ellos en asuntos de finanzas, seguro sale perdiendo; en materia de amor también; fríos y calculadores, miden a su pareja y la hacen sufrir para ganarse una caricia. Son coquetos por naturaleza y les gusta seguir el retozo con quien se deje; pero quien llegue a caer en su juego terminará perdiendo.

 *Zapatos de seguridad:* caracteriza a quienes se enfrentan a un mundo hostil; es probable que la relación con sus familiares sea muy tirante y busquen protección a gritos sin hallarla. Son hombres sufridos que luchan mucho por llegar a la meta, pero no siempre pueden lograrlo. Aprenden desde muy pequeños lo que es la responsabilidad y trabajan en lo que pueden, a tal grado que anteponen su ocupación a los estudios, aun cuando su deseo sea asistir a un salón de clases. Con las mujeres tienen un poco más de suerte, son populares y esto los motiva mucho: se sienten importantes y, sobre todo, valiosos.

Zapatos deportivos: si los usan a diario, son personas que no se esfuerzan por conseguir lo que desean, dependen de lo que pueden obtener de los demás; su carácter es apocado y rara vez muestran lo que en verdad sienten. Se quedan siempre con ganas de hacer algo diferente a lo que se dedican; se quejan de todo, pero nunca ponen de su parte para que las cosas resulten mejores. Una relación de pareja con estos hombres será siempre mediocre y aburrida.

Zapatos para dama

 *Botas largas:* símbolo de sensualidad, las mujeres que las usan se sienten seguras de proyectar una imagen atrevida y, a la vez, elegante. Son muy femeninas, se preocupan por combinar absolutamente todo lo que traen puesto; muy vanidosas, rara vez se les encuentra sin maquillaje, quieren ser el centro de atención, no les gusta tener competencia de ningún tipo. Sexualmente resultan muy diferentes a lo que proyectan, son tímidas y en ocasiones recatadas. Se molestan cuando no se les elogia o halaga. En edad madura son buenas amas de casa y también buenas madres; les gusta la familia y se dedican a ella con agrado.

Botines: este tipo de zapato lo utilizan mujeres prácticas, decididas, que no tienen miedo ni se andan con rodeos; les gusta hablar claro y toman decisiones rápidas.

Son difícilmente manipulables y, por lo tanto, se les dificulta conservar un empleo; su comportamiento motiva comentarios, murmuraciones y siempre representan competencia para los otros, hombres o mujeres. Viven de prisa, hacen todo en un tris, son volátiles, casi nunca se les puede ubicar, desapegadas del mundo material, a la vez no encuentran la luz interior fácilmente. Necesitan enfrentar muchas pruebas para llegar a la meta que se han trazado, por lo cual es frecuente que sean escépticas y vivan conforme a su propia palabra.

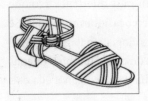

Huaraches: hay dos razones para que los usen: porque seguro tienen cerca la playa; porque así hacen saber a la gente que en definitiva no les importa lo que opinen de ellas; asimismo, les resulta indiferente lo que la gente haga, diga y piense. Estas personas no se tientan el corazón a la hora de terminar una relación, prefieren cometer una injusticia a padecerla; en cuestiones de amor les agrada someter a su pareja y hacerle sentir celos. Se les aplica el dicho "candil de la calle oscuridad de su casa"; nunca se les ve el polvo y siempre están donde no las llaman.

 *Plataformas:* son el recurso de las mujeres que desean ser vistas; les gusta el reconocimiento de la gente y se saben seguras de sí mismas. Son de carácter impredecible; les encanta ser la atracción en reuniones, fiestas y lugares donde haya gran cantidad de gente que pueda admirarlas. Impulsivas, se dejan llevar por sus afectos y cuando se dan cuenta de su error, es demasiado tarde; el tiempo que les lleva volver a tocar tierra es muy largo. Sus vínculos sentimentales son contradictorios: empiezan una relación sin estar convencidas de que la otra persona es lo que ellas quieren, y cuando están enamoradas suele suceder que su pareja no lo está. La palabra "conformismo" no entra en su esquema, siempre quieren más y más; son compradoras compulsivas, no les importa gastar el dinero ajeno.

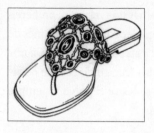

Sandalias: sin duda las mujeres que las usan quieren libertad, sentir que sobre ellas no hay nada en verdad importante; van por la vida enfrentando diferentes situaciones sin esperar que algo mágico suceda. En este rango encontramos al prototipo de la mujer normal; es decir, aquella que no sufre ni se acongoja, sino que resuelve todo con calma y tranquilidad. Será afortunado quien llegue a consolidar una relación de pareja con una mujer que use sandalias, pues son difíciles para el matrimonio; suelen decir no hasta estar completamente seguras de que aceptar a alguien no las hará pisar en falso. Tienen mucho sentido del humor, por lo que aburrirse con una mujer así es casi imposible.

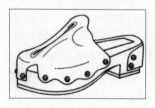

Suecos: son el sello distintivo de las mujeres que dejan huella en el camino; tienen una visión clara de lo que desean en la vida, son decididas y determinantes, no se andan con medias tintas, dicen las cosas de frente sin importar herir la susceptibilidad de los demás; prefieren hacerlo a llevar dentro rencor y dolores innecesarios. Estas mujeres buscan un sendero espiritual, si aún no lo tienen, y tratan de desarrollar alguna técnica de meditación que les permita eliminar la energía negativa. Como madres son excelentes, preocupadas, amorosas, muy justas. Con su pareja son sumamente cariñosas, pero siempre dejan claros los límites del respeto. Tienen una sensibilidad especial para advertir si lo que están haciendo es correcto o está mal; tratan de encontrar el mejor camino para que sus seres queridos tengan experiencias inolvidables.

Zapatos descubiertos con tiras: caracterizan sin rodeos a la reina de la noche. Sí, esa mujer que tiene fama de ser la más codiciada, que no oculta sentimientos, pensamientos y forma de conducirse en la vida. Es una suertuda, tiene una estrella que la cuida y que, seguramente, la convertirá en una triunfadora. No tiene miedo de mostrarse como es, le importa que los demás sepan quién es; no para hacerse promoción, sino para que sepan con qué mujer se meten; tiene grandes dotes histriónicas, son sensuales y les importa poco el qué dirán. Quien encuentre una pareja así, seguro vivirá experiencias inolvidables en la intimidad, porque se propone llegar a la médula del otro y enamorarlo; no obstante, tiene una vida espiritual muy plena y están dispuestas a llenar de amor a quienes las rodean.

Zapatos de horma italiana: usan estos zapatos mujeres en dificultades, en situaciones riesgosas que ponen en peligro su salud y, por tal razón, no les preocupa la de los demás. Les cuesta mucho trabajo mantener sus convicciones y repetidas veces faltan a su palabra. Una relación amorosa con estas mujeres resulta tormentosa, no se sabe en qué terminará; son inconformes, desorganizadas en su forma de ser y actuar. Sin embargo, físicamente son muy hermosas y siempre se ven asediadas; cuando llegan a un lugar establecen dominio sobre el territorio y si no son respetadas se convierten en rivales de cuidado.

Zapatos de piso: nos muestran a mujeres sin problemas en la vida; es decir, se aceptan y aceptan a los demás, viven sin preocuparse por el mañana, en armonía con su entorno; disfrutan de sus logros y de los éxitos de los demás. Son modestas y no les gusta hacer evidente su capacidad intelectual; son las mejores amantes, expresan sus sentimientos fácilmente, combinan su profesión con las obligaciones familiares.

Zapatillas: recordando un poco a la Cenicienta, las mujeres que usan estos zapatos quieren lucir perfectas: así se conciben, creen que se les debe mirar sobre un pedestal por el hecho de existir. Son de carácter impositivo, explotan a la menor provocación. Padecen de los intestinos, desarrollan problemas de indigestión, gases y vientre abultado. Sólo piensan en sí mismas, gastan lo que sea necesario para su arreglo personal; pero lejos de quedarse sin dinero, inclusive tienen cuentas en el banco (algunas, no todas). Cuando se trata del amor, no mueven un dedo, hacen que su pareja se ocupe de todo lo concerniente a ellas; son demandantes y exigentes, aunque también detallistas y acostumbran hacer buenos regalos. En el ámbito laboral son excelentes y aun enfermas se presentan a trabajar.

Las zapatillas tienen su origen en las zapatillas de ballet, esas que se amarran desde el tobillo hasta la pantorrilla con unos listones; en la actualidad hay una versión "moderna" de estos zapatos, y entrecomillo moderna, pues todavía este estilo conserva los rasgos característicos que desde sus inicios le valió que algunos diseñadores pusieran sus ojos en ellos y les hicieran algunos cambios para lucir elegantes, cómodos y muy femeninos.

Las personas que usan estos zapatos por lo general buscan comodidad más que elegancia, aunque bien pueden combinarse ambas. Por lo regular tienen grandes expectativas, ya que su mundo interno las acerca a lo imposible; son investigadoras naturales, les atraen la filosofía, las artes y la literatura; la mayoría son de baja estatura, delgadas y cabello corto, se ven siempre impecables y nunca se atreven a salir a la calle sin que la secadora pase por su cabello o sin un traje o ropa bien planchado. Otro rasgo característico es que su físico no corresponde

a su edad, pues suelen verse más grandes de lo que son debido a su atuendo, muy formal, inclusive entre jovencitas.

Les gusta planear con anticipación lo que harán, no les gusta cambiar sus compromisos, llegan con minutos de anticipación a una cita y se van en el momento apropiado; la diplomacia y el buen decir están de su lado; no es raro que hablen más de dos idiomas y hasta los últimos días de su vida puede vérseles estudiando en una universidad algún postdoctorado.

 *Chinelas de tacón de aguja:* por estos zapatos cualquier mujer mataría a otra si se los compra antes: son hermosos, agradables a la vista, de diseños realmente espectaculares; pero incómodos y pueden convertir una espalda en un verdadero problema para el ortopedista.

En los años cuarenta las artistas de Hollywood eran compradoras asiduas de este modelo, inclusive competían por ver quién los usaba más altos y caminar entre la multitud sin caerse. En nuestros días han tenido modificaciones que permiten a las mujeres caminar sin miedo y con más libertad.

Los usan mujeres comprometidas con su trabajo, llegan temprano y se van temprano, son las consentidas del jefe porque realmente siempre están de acuerdo con él, tenga o no la razón; en su ambiente de trabajo hay personas que les temen pues siempre marcan su territorio, no se dejan de nadie, están superseguras de lo que hacen y dicen las cosas con tanta verdad que pueden hacer sentir mal a cualquiera.

Entre estas mujeres hay dos tipos: las que aun pequeñas ya deseaban ver sus pies dentro de estos enormes zapatos —su niñez seguramente transcurrió en un ambiente precario donde era evidente la falta de recursos—; seguro esta mujer fue la hija inconforme, la que nunca aceptó parte de su vida y siempre quiso pertenecer a otro estrato social; determinada a alcanzar el éxito, por lo general llega a su meta por medio del modelaje, el cine o la actuación; son bellas y les gustan el halago y la adulación, su fuerte siempre es el trabajo que les permita obtener ingresos y por ello lo valoran tanto. Le cuesta la soledad, en ciertas ocasiones se siente utilizada por su pareja y siempre ostenta su belleza frente a los demás, nunca sus cualidades internas. Se le dificulta tener hijos, anda en busca de una familia feliz y, al no encontrar al hombre que se comprometa con ella, se siente traicionada. Conserva a su pareja y le cuesta mucho trabajo terminar una relación, aun cuando eso sea lo que quieren, porque necesitan cobijo y cariño.

El otro tipo no se caracteriza por ser agraciada físicamente, aunque sí posee cualidades intelectuales; tiene carácter fuerte y por lo regular controla a la familia; se siente muy capaz de resolver cualquier problema, aporta dinero al gasto familiar y, por esta razón, su pareja sabe que ella solucionará todo, con o sin recursos.

Le gusta mucho ser útil en el trabajo y pasa más tiempo ahí que en su casa, pues se siente indispensable. Padece inflamación de vientre, mala digestión y compulsión por la comida o el tabaco; se esfuerza en su arreglo personal y en ocasiones cae en excesos; recarga su maquillaje hasta el punto de ser recordada por los colores tan fuertes y exagerados en párpados y labios.

Dura mucho tiempo casada y tarda más de diez años en preguntarse si realmente es feliz; esto puede angustiarla y deteriorar su salud física y emocional.

Escarpines: estos zapatos son muy divertidos, los hay en todos colores, pieles, diseños y acabados, con influencia europea o de los indios norteamericanos; mezcla el zapato de piso con el mocasín, adopta diferentes suelas y materiales, lucen muy originales y puestos se ven de maravilla. Las personas que los usan se sienten muy seguras, pueden caminar y caminar largas horas; son zapatos que uno no quiere dejar aunque ya tengan agujeros; se horman a la planta de una manera impresionante.

Las personas que los prefieren se adaptan rápido a las circunstancias, sin sentir que les pesa lo que están viviendo. Los cambios más terribles las ayudan a aprender sobre sí mimas; son condescendientes con el prójimo, les da lo mismo tener que no tener, pues su filosofía es vivir y dejar vivir, ser pacientes, tolerantes y no dependientes.

No les importa ser célebres o reconocidas, pero sí honestas y evitar lo que les impide desarrollar su potencial humano. Desarrollan en alto grado el sentido de la justicia y por ello la gente se siente bien a su alrededor; no cambian de parecer, mantienen sus convicciones. Son muy afortunadas, casi nunca pierden, todo les llega por añadidura, y las sorpresas más agradables las compensan de manera económica o emocional. Los lugares donde trabajan les permiten conocer mundo, viajar, conocer las tradiciones de otras culturas. Las mujeres que usan estos zapatos suelen combinarlos con otros tipos; pero los escarpines son los consentidos, van a todos los viajes y caminatas largas y cansadas. No son zapatos egoístas: impiden que el pie se deforme y por ello entran en cualquier tipo de zapato.

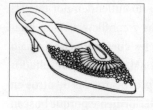 *Babuchas:* no cuesta trabajo ponerse estos zapatos, no hay hebillas, correas, trabas o listones que deban sujetar el pie; por esto muchas mujeres los prefieren: no tienen que hincarse a abrochar ni sentarse para ponérselos: sólo les falta caminar y llegar hasta los pies.

Pero el hecho de que sean fáciles de usar no siempre implica comodidad: pueden propiciar que el pie se salga y haga ancho, que salgan callos —la piel busca protección de la temperatura—; inclusive un accidente, un resbalón; la persona siente que lleva los pies encogidos, luchando por no perder el zapato en cualquier momento.

Las mujeres asiduas a estos zapatos son despreocupadas: físicamente se arreglan de la cintura para arriba, pero de la cintura para abajo son como cajas fuertes: no hay combinación posible que haga coordinar todo el vestuario, mucho menos las babuchas. Desarrollan con facilidad problemas circulatorios, várices y complicaciones cardiovasculares; los problemas de los demás las afectan y si alguien les dice que tiene una enfermedad, en lugar de decir que lo sienten, afirman tener un dolor más fuerte; si están enfermas no son responsables de sus medicamentos; se quejan todo el tiempo con los demás para que las compadezcan y luego no entienden por qué las tachan de hipocondriacas y conflictivas. Son buenas en su interior, pero les cuesta mucho trabajo aterrizar en su vida personal; eluden los resultados de sus acciones o lo que provocaron las de otros en su vida. Sufren mucho interiormente porque buscan la aceptación de los demás, y aunque haya personas que las aman, sienten que es poco y necesitan más; eso sí, a la hora de los problemas, estarán acompañando a otros en sus peores momentos —hospital, cárcel o pérdidas—; es ahí donde se ve realmente su integridad como amigas.

Colores

El color de los zapatos debe ocupar nuestra atención. Diré en términos generales lo que significa cada uno, tanto en hombres como en mujeres.

Negro: define a personas precavidas que toman en serio sus compromisos; son responsables y les gusta trabajar; hay excepciones, pero generalmente disfrutan su trabajo y están contentas con lo que la vida les ofrece. Antes de correr aprenden a caminar, para no incurrir en errores. De carácter firme, les gusta establecer patrones de vida y no se dan el lujo de romper sus propias reglas. Son discretos y su principal preocupación en la vida es lograr todos sus objetivos sin obstáculo.

Café: quienes prefieren este color se dan el lujo de romper esquemas y proponer nuevas ideas; les encanta salirse con la suya y tener a su cargo grandes sas que impliquen el reconocimiento de quienes laboran con ellos. Son románticos y soñadores, pero no pierden piso; esto mismo los hace luchar por lo que quieren y por las personas que aman.

Azul: la predilección por este color define a personas misteriosas: un día están de buen humor y al siguiente de malas; les gusta sentir que tienen razón en todo y que con ellos nadie puede. No son nada modestos; cuando pueden arremeter en contra de quien les jugó una mala pasada lo hacen.

Rojo: estos zapatos indican gusto por la buena vida; quienes los prefieren se instalan en el mundo físico y en contadas ocasiones se preocupan por el interior; son volubles y se sienten heridos con facilidad; muy rencorosos, difícilmente perdonan.

Blanco: en las mujeres significa una manera sutil de mostrar poder económico y mucho refinamiento. En los hombres, que forman parte de un ballet de danza folklórica o tienen alguna otra actividad que lo requiera; pero se debe tener cuidado, pues los hombres que usan zapatos blancos son traicioneros, no se tientan el corazón para consumar una acción vil y se caracterizan por ser feos con suerte.

Como hemos podido darnos cuenta, los zapatos son una carta de presentación y, a la vez, una forma de introducirnos en nuestros propios laberintos; sin importar tamaño, color o textura, todos los zapatos dicen algo de quienes los traen puestos. Y eso es precisamente encontrarnos con la horma de nuestro zapato.

Y tú, ¿de qué pie cojeas?

No es casualidad que en las expresiones coloquiales de México se oiga la expresión "de qué pie cojea". Eso se dice para hacer alusión a las pequeñas idiosincrasias de cada persona o, mejor dicho, para referirse a aquellos vicios que cada ser humano tiene. Nos permite definir qué habremos de esperar de cierta persona por aquello que ya conocemos de ella y nos da la oportunidad de estar prevenidos, aunque la mayoría de las veces no escuchamos nuestro interior y nos dejamos llevar por las apariencias.

La forma de los pies revela, en efecto, de qué pie cojea cada persona y esto se vuelve todavía más interesante ya que, como se ha mencionado, cada peculiaridad en los pies nos permite saber más de las características físicas, emocionales y espirituales de los demás. Es muy interesante enterarse de todo aquello que sea necesario saber cuando conoces a una persona para que, antes de involucrarte, no vayas a meter la pata.

Por la forma de caminar: La forma de caminar de una persona marca definitivamente la manera de desenvolverse en la vida y su mundo personal, hay ciertas maneras de caminar que nos ponen de manifiesto la manera de ser de algunas personas. Caminar es uno de los ejercicios más antiguos que nos permite, además de desplazarnos, poder dirigirnos hacia un lugar en particular. Muchas veces no nos damos cuenta de cómo es que lo hacemos, sin embargo, el modo de mover nuestra materia nos permite enunciar algunas de las maneras particulares de hacerlo y su respectivo significado.

Caminar erguido: Para llegar a caminar de esta manera, el ser humano pasó por un proceso de evolución de miles de años. Por tal motivo, aquellos que caminan erguidos son personas que buscan la perfección en su trabajo, en su vida y en las cosas que realizan, no les gusta salirse del plan original, siempre quieren tener la sartén por el mango y que nada ni nadie les haga malas pasadas. Su actitud en ocasiones parece de arrogancia. Les gusta vestir bien, tal parece que tienen un manual para actuar en cada ocasión, son muy perseverantes. Son exageradamente pulcros, cuidado y haya una pelusa en sus ropas o se les manche la misma porque se pueden atacar; se salen de sí cuando se les para un cabello, literalmente. Como amantes no dan lo mismo, pues piden de su pareja que los complazca y les dé todo lo que ellos necesitan sin solicitarlo, les gusta sentirse asediados, sin tener que estar ellos al pendiente de los demás, en pocas palabras se les puede definir con la frase "el que no lo conozca que lo compre". No son fáciles de trato, por pueden ser muy buenos para guardar un secreto o bien, ser muy reservados.

Caminar agachado: Dicen por ahí que el avestruz agacha la cabeza cuando hay problemas y es más o menos lo que una persona hace con su cabeza y con su espalda cuando camina como si tuviera un bulto sobre la espalda. Es interesante saber que hay tres formas diferentes de definir la forma de ser de aquellos que caminan agachados.

Por malformación física: Si la persona camina agachada por alguna malformación física, indica que en su vida se han presentado eventos difíciles de superar, pero que son parte del karma que tiene que aprender a romper, debe manejar las situaciones difíciles, como las posibilidades para ser mejor, para salir adelante y no quejarse. No es cosa fácil, pero de esto depende que todo lo que necesita se dé en el plano físico para poder seguir creciendo espiritualmente.

Por accidente: Significa que no siempre puede aprovechar las oportunidades que se le presentan, ya sea porque no tomó las decisiones a tiempo o, aunque la ocasión sea increíble, quizá tenga flojera de realizar qué le hace bien y está esperando que otro lo haga por él. Esto no quiere decir que en todos los caso sea así, pues también hay una variación: que sea una persona fácil de manipular y que por pena no exprese su verdadero sentir y se sujete a las imposiciones de otras personas a las que puede tener miedo o bien, con quienes no desea tener altercados, problemas o diferencias.

Por mala posición: Son personas que saben lo que deben hacer pero dejan todo para el final. Por ejemplo, saben que tienen que hacer una visita al médico y, por negligencia, no la hacen, sino hasta que ya es demasiado tarde. Tienen una intuición envidiable, sin embargo, pocas veces le hacen caso y, como ya se mencionó, la palabra que los define perfectamente es negligente. Se sienten los hombres del mañana y eso los va perjudicando tremendamente porque sus proyectos penden de un hilo y, en el peor de los casos, las personas que trabajan con ellos los padecen porque nunca pueden entregar a tiempo lo que se les solicita. Suelen ser de los que sólo piensan en ellos mismos y no tienen tiempo de pensar en los demás o no creen que lo que ellos están haciendo sea perjudicial para otra u otras personas.

Caminar cojeando: Cuando la persona camina arrastrando un pie y no tiene un problema de cojera se dice que no está muy consciente de lo que hace al caminar, es decir, mueve su cuerpo como si una enfermedad o defecto físico no le dejara moverse de manera natural. Ahora bien, si la persona no tiene ningún problema y a pesar de ello cojea, es que suele hacer suyos los problemas que no le corresponden, siempre está metida en situaciones o dificultades que no tienen un final feliz o son muy duras de afrontar, carga con los estados de ánimo de quienes le rodean y no puede tomar decisiones fácilmente.

Si en realidad sufre de cojera, hay todo un karma que sanar, tiene que atreverse a romper con los obstáculos físicos y emocionales que en la vida se ha topado para poder restaurar su energía. Normalmente son personas que se esfuerzan mucho por lograr sus metas, aunque algunas sólo presentan este padecimiento para poder sanarse a sí mismos y así seguir un camino diferente donde no entren los conflictos y puedan tener una vida sin detenerse con las pequeñas cosas. Suelen ser fuertes frente a la adversidad y muchas veces esperan lo peor, saben esforzarse y les gusta hacerlo para no llevarse sorpresas desagradables y de esta manera saben soportar mejor los fracasos que cualquier otra persona.

Caminar metiendo la punta del pie: Normalmente las personas que meten la punta del pie suelen trastabillar al dar cada paso, parece como si fueran a caer o tropezar; en cuanto a lo emocional, a veces no se dan cuenta de cuánto pueden herir a una persona, no con lo que dicen sino con lo que hacen; después vuelven a la normalidad en un dos por tres y son de los que viven en el presente, pues no se enganchan al pasado. Después dicen no recordar los eventos en los que están involucradas algunas de sus acciones que lastimaron a otros. No son afectos a ofrecer una disculpa aunque, cuando lo hacen, lo hacen en serio, sin embargo, en la forma de pedirlo parece que les da igual lo que piensen o sientan a quienes se lo están diciendo o solicitando, pero en realidad es porque así es su forma de ser.

Caminar de puntas: Sirve mucho si la persona forma parte del ballet Bolshoi, pero de no ser así, refleja una gran seguridad en sí misma. Tiende a hacer las cosas más que a pensarlas, no son de los que prometen, son de los que hacen, realizan y logran lo que se proponen, aunque en su trato son de aquellos que parecen peces, nadie los puede pescar, siempre corren, se van y dejan profunda huella en los demás. Son enigmáticos y misteriosos, sus temas de conversación pueden ser apasionantes, pero siempre queda la sensación de que no se les puede disfrutar más que un momento y hay que aprovechar todo cuanto esté al alcance para poder sentirlos cerca. Normalmente no les gusta que los toquen, abracen, o den muestras de cariño en las que se sientan aprisionados, encerrados o muy asediados. Ellos tienen sus tiempos y no suelen estar pegados a nadie, son muy independientes y necesitan espacio, libertad y respeto.

Caminar abriendo las piernas: No es raro, cuando se observa a una persona que camina con las piernas abiertas, que inmediatamente se dibuje en el rostro una sonrisa que en muchas ocasiones termina en carcajada. A quienes abren las piernas al caminar les dicen que caminan como "charros" y parece que sus extremidades son lo más cercano a un puente. Estas personas no siempre son concientes de su posición, y al reparar en ella les resulta verdaderamente difícil corregirla, incluso llega a ser doloroso. Sin embargo, son personas en quienes se puede confiar, son acomedidos e intuyen que pueden tener un defecto, así que siempre tratan de quedar lo mejor posible para dar gusto y satisfacción a las personas con quienes se relacionan. Son de las personas que quieren retener en sus trabajos, ya que generan confianza, así que duran mucho tiempo en una sola empresa o institución, según sea el caso. Si se dejan llevar por el corazón, suelen ser de los que llegan al matrimonio y tienen una familia unida, por la que siempre dan la cara y están dispuestos a todo con tal de contribuir con la felicidad de sus seres queridos. Son buenos amigos, por lo cual la gente los aprecia, aunque ellos no busquen el reconocimiento.

Caminar arrastrando los pies: Esta forma de caminar nos da a conocer a una persona que es distraída, en pocas ocasiones relaciona sus pensamientos con el aquí y el ahora; al dirigirse a un lugar, va pensando en algo totalmente diferente a lo que va a realizar. Son personas dispersas, tienen muchas ideas sueltas y casi ninguna conexión entre sí, mezclan su vida personal con el trabajo, las relaciones interpersonales, la pareja y no centran su atención en algo. Suelen preguntarse por qué no tienen una promoción en el trabajo, por qué sus parejas no los valoras o por qué sus amigos no los procuran. La respuesta es que nunca muestran su mayor esfuerzo, la gente tiende a creer que no son responsables, sino negligentes, que su rendimiento es mediano o nulo; sus parejas suelen pensar que es inútil tratar de arreglar alguna situación, pues no cambian. Su mayor aspiración es permanecer en el mismo lugar por el resto de la vida, y son vistos como conformistas y faltos de carácter. Son queridos por sus hijos, pero cuando se presenta un problema, no son consultados por ellos, quienes prefieren comentarlo con quien se sientan más comprendidos, que no los culpen de lo que sucede. En pocas palabras, les falta empuje y son, como se dice vulgarmente, "flojos" incluso hasta cuando reciben algo bueno.

Caminar con ayuda de un aparato ortopédico:

Son personas que están acostumbradas a hacer las cosas sin depender de los demás, se esfuerzan al máximo, no les gusta que se los vean como enfermos o menos aún como gente impedida, pues alguien así es quien, a pesar de contar con todas sus extremidades i capacidades corporales, no es capaz de realizar las cosas por sí mismo. Las personas que emplean aparatos ortopédicos suelen luchar día a día para sentirse y verse bien, entregar lo mejor de su trabajo y cariño; son muy atentos a las conversaciones y escuchan verdaderamente. No se les debe subestimar, ya que no se dejan sobajar ni maltratar, son fuertes de carácter y saben afrontar los conflictos o situaciones que la vida les presenta, no les da miedo lo que va a ocurrir mañana, salen airosos de grandes conflictos porque saben qué decir en el momento y asumen su responsabilidad. Como pareja pueden ser difíciles, pues no se sienten bien si todo el tiempo se les trata de ayudar; ellos quieren mostrar que son independientes. Son grandes proveedores y no llegan jamás a su hogar sin algo para comer, les gusta que sus seres queridos disfrutan de las comodidades que pueden proporcionarles. Lo que los hace un poco rudos es su carácter o la forma en las que algunas veces expresan sus emociones. Si van a salir con alguien, no son de los que dicen "Qué linda eres" o "Qué guapo te ves", aunque al decir frases como "Ya estás listas", "Vamos, que se hace tarde", etc., asumen que la persona se ve bien.

Caminar casi flotando: Son personas que al momento de caminar parecería que no tocan el piso, como si caminaran entre algodones o nubes. Es envidiable la forma en la que desplazan su cuerpo, parece que no les pesa, que es tan suave que pueden mover a voluntad cualquier músculo sin sentir siquiera el movimiento; pareciera que sus pies se deslizaran sobre el pavimento velozmente, aunque esto no se nota siempre debido a que su agilidad no es tan visible. Son seguros de sí mismos, nunca se sienten mal, en especial. Por el contrario, esto les permite tener control y fuerza, son muy apasionados en los temas del amor, van con todo cuando les guata una persona y si se han enamorado, buscan los pequeños momentos y detalles para convertirlos en algo excepcional e inolvidable. Les encanta viajar y lo disfrutan más acompañados, tienen sentido del orden, pero también saben divertirse y sacar el mejor provecho de cada momento para provocar alegría en ellos y en los demás. Les atraen los temas espirituales, esotéricos, los viajes largos y lo desconocido. Siempre andan investigando y están de acuerdo con las nuevas técnicas, el ejercicio espiritual y los rituales; cuando se cansan de ello se vuelven ellos mismos y escuchan de una manera insólita su voz interna, aprenden a ser su propio maestro. En ocasiones, después de tanto avance espiritual, no logran encontrar a su pareja, pero al encontrar el equilibrio eso se presenta de manera natural, lo cual no quiere decir que se dé de forma inmediata o sin sufrimiento, ya que éste ayuda a tener más conocimiento de lo que quiere y de lo que se necesita.

Caminar a paso de tortuga: Caminar junto a ellos es una proeza, pues son personas capaces de desesperar a cualquiera. Sin embargo, están muy concientes de lo que hacen, a dónde van y lo que tienen en mente. Son de carácter neutral y pocas veces se salen de sus casillas, pero cuando lo hacen, cuidado, hay que correr, pues no se detienen, sacan todo lo que tienen. Sucede tanto si están tristes como si están contentos, por lo que son considerados temperamentales; en un enfrentamiento son de "armas tomar". Son justos y en sus relaciones tienden siempre a decir la verdad, en el trabajo, si se marchan por uno mejor o por disgusto, lo dicen; si no están de a cuerdo en algo que ellos piensen o sientan que lacera a otros, lo expresan. Así que para algunos no es muy grato tenerlos cerca, ya que la mitad o más de la mitad de la gente no está lista para escuchar lo que no quiere, aunque sea verdad. Como padres son severos y difícilmente levantan un castigo, pero en realidad saben ganarse el respeto de la gente siendo fieles a su forma de ser y actuar. Como parejas también son muy duros, pueden ser los mejores a la hora de ayudar, pero si tienen que decir lo que no les gusta, lo hacen sin reparos y con toda la tranquilidad del mundo. No les da miedo el qué dirán y por eso suelen hacer lo que quieren sin pedir opinión, aunque como tienen conciencia del otro, lo que hacen por lo regular no afecta a terceros. Esto demuestra una conciencia sana. Aunque no lo aparentan, son tremendamente sexuales, son discretos en este tema, pero en la alcoba tienden a llevar a acabo todas sus fantasías, son divertidos como parejas y siempre están viendo la manera de que su vida sea tranquila y su techo confortable para ellos y con aquellos que lo comparten. Son excelentes cocineros o cocineras y saben de temas que jamás te hubieras imaginado, siempre te van a sorprender, a solas o en publico. Como amigos son ideales aunque cuando les pides un consejo o que te digan lo que realmente piensan, te manden a la cruz roja con comentarios como: "¿De verdad vas a salir a calle vestida así?", "Si no me dices que subiste de peso pensaría que estas embarazada", "No es que yo piense que no ella no te quiere, estoy seguro de ello por cómo te trata frente

a todo el mundo, ¿cuantos días piensas aguantar?".
Su sinceridad es caso aparte, así que si no te gusta
que te digan las cosas como son huye, porque no te
va a gustar nada.

Caminar tropezando: Literalmente son personas
que dan el ramalazo es decir, vas con ellas caminando y de repente ya no las ves, quedaron atrás, su
caminata fue interrumpida por un estrepitoso golpe
seco en la banqueta… No es que se les cruzara una
piedra de tamaño considerable o que hayan sido
víctimas de una banqueta con surco o una ruptura
del pavimento, simplemente caen. Los golpes que
reciben pueden ser verdaderamente impresionantes,
generándoles moretones lilas que varios días después llegan al verde y después al amarillo, a veces
la piel se les abre y necesitan atención medica para
poder restablecerse… Estas personas son de buen
corazón, de verdad, sin embargo son necios; quieren
que los demás vean la vida como ellos la visualizan,
que la gente que los rodea reaccione conforme ellos
sienten que es lo normal. Les cuesta mucho trabajo
aceptar su realidad, se evaden y cuando hay algún
problema cerca se sienten parte de la legión de los
súper héroes aunque en ello les vaya la vida. No
cambian un compromiso social por un momento
de tranquilidad ni la comodidad de su hogar. Son
propicios a arriesgar el físico por situaciones que

no valen la pena, suelen ser trasnochados y no les gusta levantarse temprano; una de sus peculiaridades es que dejan sus asuntos personales en manos de otros, les gusta gastar dinero ajeno y no se sacian con facilidad. Al inicio de sus relaciones amorosas, hacen sentir a su pareja como si les estuvieran haciendo un favor, pero conforme pasa el tiempo y su pareja aprende, comienza una dinámica de aguantar, jalonear y tensar.

Por los zapatos que usa: Dicen que el hábito no hace al monje, pero cómo lo distingue, y eso es muy cierto. Los zapatos que usa cada persona revelan una parte importante de su personalidad, pero sobre todo cómo los porta y la seguridad que le dan al caminar.

Una de las prendas predilectas de las mujeres son los zapatos, en ellos se nota la forma de ser de cada persona; transmiten confianza, estilo, fuerza y sobre todo la comodidad o incomodidad con que se hace camino al andar. Cabe mencionar que algunas personas no siempre usan un estilo de zapatos, muchas veces los zapatos eligen por el clima, y se buscan los que permitan estar más ventilados o abrigados. Sin embargo, cuando una persona usa zapatos cubiertos en un clima caluroso o tropical puede significar que no está a gusto en el lugar donde se encuentra, quiere permanecer al margen de las circunstancias y no involucrarse directamente con los demás, para así no permitir que se metan en su vida; ahora bien, si la persona está en un clima frío y utiliza zapatos descubierto indica una necesidad de ser aceptado, visto, valorado, que se detengan a ver que es una persona que vale la pena; las personas así gustan de trabajar y salir adelante con meritos propios, tomar decisiones radicales que les obliguen a mantenerse en su centro pase lo que pase y suceda lo que suceda, tardan tiempo en ver frutos a nivel material, pero cuando en verdad se lo proponen logran lo que desean y eso les da mucha tranquilidad.

Por el aseo de sus pies: Me atrevo a decir que no hay una cultura de los pies bien cimentada. Cada que reviso un par de pies, me convenzo de que a muchas personas les cuesta trabajo tallarlos, igual que la parte debajo del muslo, o bien después de la rodilla. Tal parece que les da flojera o simplemente no les interesa, me he encontrado con expresiones como "es que me duelen tanto las rodillas que no puedo agacharme y al fin que uso calcetines y los pies no se me ensucian". Puede ser que tengan razón, no obstante los pies transpiran, huelen, y al roce con cualquier material producen un olor particular diferente al personal.

Los que no los asean: Son personas que tienden a vivir de manera acomodaticia, su vida es: "Si las cosas salen que bueno si no dios dirá"; "No quise atropellar a ese señor, pero los frenos no me respondieron, de todas maneras tengo seguro"; "No quería endeudarme, pero este coche lo necesitaba mucho, pues el otro ya tiene dos años de comprado"; "Yo no quería engañar a mi pareja, pero se presentó la ocasión y qué remedio". Así son más o menos estas personas, nunca sienten responsabilidad real sobre sus actos y eso les cuesta mucho a quienes viven con ellos o están cerca, pues los padecen y sufren por su falta de conciencia y de sentido común.

Los que medio los asean: Lo importante para ellos no es hacer las cosas bien, sino mas o menos, con ello justifican su vida. "Soy medio feliz, tengo un empleo medio bueno, soy más o menos buena madre, soy más o menos buen hijo, no me siento bien pero tampoco me siento mal, sí debo pero no mucho." No tienen una meta fija porque les da flojera tener que llegar solos al final de un proyecto, ya que no tendrán otra persona a quien echarle la culpa o dejarle la responsabilidad sobre lo que hicieron.

Los que se obsesionan con su aseo: Nada se les sale del redil, todo está bajo control, se esmeran en dejar a la perfección su lugar de trabajo, nada está fuera de su lugar… Son de aquellos que, al ver su escritorio, uno dice que es de fulanito, pues todo se encuentra ordenado. Son muy organizados con su tiempo; si están enfermos, cansados, saliendo de un funeral, cumplen al cien por ciento. Se pueden matar de cansancio para dar lo mejor de ellos mismos y logran todo lo que hacen; tienen un sello personal que los distingue de los demás, pues siempre dan lo mejor y dejan un precedente de primera. Eso sí, no les gusta nunca que les adviertan de algo y que, más tarde, se cumpla. Por ejemplo: "Oye, yo creo que ese carpintero te está timando". Se pueden poner muy mal y decirte que no conocieran a la persona no le habrían encargado el trabajo; no obstante, cuando se convencen y viven en carne propia aquello que se les dijo tratan de no comentarlo mucho y borran para siempre de su mapa personal a la persona que los defraudó. Eso sucede en todas sus relaciones, sin importar el parentesco o cercanía que pueda existir, son poco crédulos con los que les quieren y dan absoluta confianza a quienes acaban de conocer, por ello las lecciones que aprenden son inolvidables.

Epílogo

El que busca la verdad corre
el riesgo de encontrarla.
Manuel Vicent

Se dice que el estilo caracteriza y diferencia a unos de otros, es el sello que imprimimos en la forma de realizar nuestras tareas diariamente y parte esencial de nuestro Yo. En nuestros pies encontraremos muchas respuestas sobre comportamiento, deseos, padecimientos y todo lo que conforma nuestro mundo.

Los pies nos hablan de lo que sucede en el cuerpo entero, el espíritu y la mente; pero hay diferentes tipos de pies y cada uno representa una forma de vida, una historia personal. Para identificarnos con los diferentes tipos me permití diferenciarlos con base en su forma, tamaño, color, textura y olor; de esta manera pude observar con detenimiento lo que acerca la forma más parecida de nuestros pies con ciertos arquetipos ya caracterizados o cargados de sentido.

He observado cientos de pies que me han permitido dar pasos mas acertados en cuanto a la interpretación aplicada a cada ser humano; sin embargo, los pies son diferentes, tienen la historia de quien los camina, corre, revienta o descansa; y quiero decir que nunca es suficiente, siempre hay algo nuevo, interesante, inquietante que motiva a los seres humanos a vivir la vida como deciden hacerlo en el momento presente, llámenle misión, tarea o responsabilidad, es un acto de conciencia que requiere toda nuestra atención para que, en nuestra historia personal, quede impresa una huella, según la intensidad que nuestro corazón y nuestra mente manifiesten en ese instante. Y hay quienes lo hacen con tanta determinación que existen por siempre en los demás: vivieron aceptándose a sí mismos, con todas sus cualidades y carencias, lo cual hace del mundo un lugar más habitable.

Testimonios de gente que ha consultado a la doctora Georgette Rivera

La primera vez que supe de Georgette fue cuando leí un artículo de ella en una revista en el 2005, en donde venía un correo electrónico para contactarla, pero no obtuve respuesta porque estaba incorrecto. Meses después, caminando en la zona de libros de una tienda, literalmente se "apareció" frente a mí un libro con un pie en la portada, de inmediato supe que era el libro que había leído en el artículo de la revista y al fin pude hacer contacto con su consultorio. Al paso de los años lo que más he aprendido de Georgette es que todo llega en el momento que debe ser; ya que finalmente tuve la gran fortuna de concertar mi primera cita con ella en septiembre del 2005, dos meses después de que llamé para pedir informes. Recuerdo que el primer día que llegué al consultorio llevaba 15 kilos de más y severos problemas de acné, era una mujer que reflejaba más edad y una tristeza o vacío de los cuales no me percataba, pero mi ropa lo reflejaba; usaba mucho colores oscuros, el día de la cita vestía pantalón negro con una blusa blanca con rayas negras. Pensaba que esa consulta sería como visitar a alguien que me diría mi futuro y mis rasgos de carácter, como cualquier lectura de tarot u otra mancia, pero literalmente ese día cambió mi vida. Jamás olvidaré todo lo que Georgette me dijo en mi primera lectura, no sólo por la información tan certera que me dio, sino por la forma en que me enfrentó conmigo misma y lo que realmente sucedía en mi vida y mis emociones. Recuerdo que lloré y lloré como hacía mucho no lo hacía. Me dijo cosas que sólo yo sabía y sentía. Creo que lo que más me marcó fue cuando me explicó que lo que había descrito era el escenario de mi vida en ese momento pero sólo yo tenía la decisión de seguir viviendo así o cambiar para lograr un sólo fin: ser feliz. Mi físico sólo reflejaba mis miedos y rencores que yo misma alimentaba generando sobrepeso que no se debía a la comida y un cutis mal tratado por acné. Georgette me explicó que sería doloroso el cambio, pero si estaba dispuesta me daría las herramientas para ese proceso; también me advirtió que sólo yo tenía la decisión de avanzar y saber utilizarlas; ella no haría el trabajo por mí, solamente me guiaría si estaba dispuesta a trabajar en ese cambio. Después de ese día, comencé con sesiones y terapias de forma ininterrumpida cada 30 o 40 días. Terapias difíciles, algunas dolorosas, pero cada una ha sido un escalón para lograr conectarme mejor conmigo misma y desintoxicarme de los malos pensamientos o circunstancias dolorosas para poco a poco alcanzar mi paz interior. A partir de esa fecha he tenido la gran fortuna y bendición de tener terapias con Georgette y sus hermanos, auto regalarme cuatro maravillosos cursos de abundancia y un inolvidable taller de viajes astrales. Hoy, casi cinco años después de mi primera cita, este proceso me ha permitido ser otra mujer con 15 kilos menos, un cutis limpio, un cambio de imagen y una luz interna que creo se refleja porque mis amigos y conocidos me dicen que te hiciste? te ves súper diferente, tu carácter es otro. Gracias a las enseñanzas, terapia y ayuda que Georgette me ha brindado a partir de esa primera lectura hoy me siento tranquila, en paz y he logrado tener una excelente relación con mi padre y hermano con quienes me era difícil relacionarme; he aprendido a perdonar, a recibir. a seguir adelante y a bendecir para ser bendecida de vuelta. Creo que he aprendido a vivir. Hemos trabajado para sanar cosas pendientes de vidas pasadas, karmas, a sacar mi fuerza interna de las situaciones o personas difíciles porque son enseñanzas para crecer. Georgette me ha brindado toda la guía y ayuda necesaria para encontrar mi fortaleza, superar momentos difíciles como una dolorosa separación sentimental y tener la fe de que pronto llegará la persona adecuada a mí. Ambas sabemos que mi graduación en este proceso llegará cuando logre formar una familia y aún continuamos trabajando en eso. Siempre he creído en los ángeles y que las cosas suceden por una razón. Por ello siempre agradeceré a la vida, a Dios y mis ángeles que Georgette llegara a mi vida, tener la bendición de aprender de ella y recibir todo el apoyo que me ha brindado. Para mí, más allá de la doctora Rivera es una amiga a quien tengo un profundo cariño, admiración y respeto por la misión que realiza. No hay espacio suficiente para agradecer todas sus enseñanzas y ayuda que me ha dado para encontrar mi misión, aprender a vivir de manera ligera y simplemente tratar de ser día a día una mejor persona.

Erica Montaño
Lic. en Relaciones Internacionales, México D.F.

Mi primer encuentro con Georgette fue en agosto de 2003; me encontraba pasando por el que considero el peor momento en mi vida laboral y, porque no decirlo, la peor desilusión que un "amigo" podía haberme dado. Era un sábado muy temprano; muy nerviosa acudí a la cita en casa de la Jechu de Peque. Pensaba: ¿será que una persona que no conozco me pueda ayudar? Nunca había visto a Georgette ni había hablado con ella, pero mis amigas me convencieron para verla. Recuerdo que cuando la vi pensé: esta mujer, tan menudita y joven, me va a decir qué onda con mi vida. Creo que se dio perfecta cuenta de lo nerviosa que me encontraba y, con sencillez, me dijo que me quitara los zapatos y me pusiera cómoda sobre la cama. Observó mis pies, los tocó y simplemente comenzó a hablar. Conforme hablaba, infinidad de sentimientos me embargaron… ¡Cómo era posible que ella que no me conocía hablara de mi vida como si la hubiera vivido conmigo! Sabía perfecto que estaba muy lastimada en esos momentos y me dijo que eso era lo mejor que me podía haber pasado, que debía tomarlo como una oportunidad. ¡Y vaya que si tenía razón! Una oportunidad de una nueva vida. Fue muy difícil escuchar de su boca cosas que había olvidado. Pero ella me ayudó a perdonar, a entender que para amar a los demás debía comenzar por sanar y por amarme a mí misma. Desde ese día mi vida cambió y no puedo más que agradecer a Dios porque hizo que nuestros caminos se cruzaran. Gracias Georgette porque desde ese día soy una mejor persona. Te quiero.

Patricia Merodio Bremont
Lic. en Contaduría Pública, Xalapa, Veracruz, México

Fue en 2003, hace casi siete años, cuando por causalidades de la vida (sí... causalidad, no casualidad) Georgette y yo nos encontramos cruzándonos en el camino. Recuerdo perfecto hasta cómo me vestí ese día, con un vestido halter de mascotita roja y tenis de mezclilla que sólo se metían; mi cabello lo llevaba suelto y me maquillé como lo hago para ocasiones especiales, aún cuando era sábado y muy temprano para mí... Fui la primer consulta de ese día, nueve de la mañana. Minutos antes me llamaron para tratar de reagendarla y yo, por esas causalidades de la vida me rehusé, no sé, la esperaba con ansia y mucha curiosidad, además de con expectativas por lo que acontecía en mi vida en esa época... Repito: causalidad, pues no sabía siquiera a lo que me enfrentaría aquella mañana de julio. Desde que la vi, un día antes, me sorprendió su juventud y la calidez que transmite desde el primer contacto; sin embargo, al presentarme a la cita me sentía nerviosa de lo que iba a suceder. Me recibió, me pidió me descubriera los pies y me sentara cómodamente frente a ella y le permitiera mis pies. Sentarme y sentirme cómoda fue muy sencillo, estábamos en el sillón del cuartito de tele de la casa de mi abuela donde compartía muchas tardes a su lado, ya que en esa ocasión durmió y atendió en aquella casa que fuera de la Jechu, mi abuelita. Esa primera vez, no pude percibir la sutil transformación de Georgette que en otras ocasiones ha sido tan evidente para mí, es ella pero como entrando en contacto con algo, alguien, no lo sé… Recuerdo cómo comenzó a hablar de cosas que en verdad me dejaron impresionada por la precisión de los datos, eran tan míos, cuestiones tan personales, que no podía explicar cómo me lo estaba diciendo, eran respuestas a interrogantes que me hacía en silencio todas las noches desde años atrás, preguntas que sólo Dios, mi almohada y yo conocíamos; en especial me impactó cuando dijo: "la respuesta a esa pregunta que te haces todas las noches es… sí". En realidad antes de escuchar esto ni siquiera había imaginado que mi pregunta tuviera respuesta, era más bien como una patada de ahogada que tiraba en mis reflexiones nocturnas. Por supuesto, ni imaginar que pudiera llegar así de clara y directa, por eso el impacto. Eso sí, en ese instante comprendí que algo grande sucedería si me permitía apertura total a la experiencia de estar allí sentada, leyéndome los pies. Y créanme que en ese momento de mi vida realmente necesitaba respuestas, guía, esperanza, fe… Todo eso y más fue lo que obtuve en aquella hora con Georgette. Debo decir que la experiencia fue más bien dolorosa aunque muy enriquecedora. Me pasó en minutos lo que llamo la película de mi vida, la cual, siendo sincera, no me gustó… pero la agradezco tanto, pues me fue revelada de forma tan franca, clara y directamente que pude percibirme tal cual sin vendas ni velos… ¡Maravillosa experiencia! La recuerdo y me vuelve a recorrer un escalofrío por todo el cuerpo, fue fuerte a la vez que sanadora y reparadora. Claro, esto sólo legó a ser así con el paso del tiempo y el trabajo personal comprometido, el cual debo reconocer que comencé a partir de lo revelado en esa sesión. Fue allí que decidí hacer algo, moverme para ser mejor persona, avanzar… En realidad, me parece casi imposible poder volver a ponerte la venda después de una sesión con Georgette, quien lo haya experimentado muy probablemente comparte mi sentir; es como una chispa que te enciende, regularmente de manera positiva, aunque a veces no tanto, sucede que de pronto salen cosas que no nos gusta escuchar o tal vez no estamos listos para hacerlo… A esta relación, mi familia y yo, desde que la conocimos, la hemos llamado el 'efecto georgetazo'. En lo personal, sólo puedo concluir que me cambió la vida, afortunadamente al paso de los años logro decir que de manera muy positiva, aunque debo confesar que al término de esa primera sesión mis sentimientos hacia Georgette eran de rechazo, molestia, odio… Literal, así fue, hasta se lo dije y a cambio recibí una taza de té preparado por ella y su acompañamiento incondicional, otra gran lección que me hizo reflexionar y entender que sólo de mí depende. ¡Qué oportunidad de vida cruzarme con Georgette! Aprendí y sigo aprendiendo grandes cosas como valorarme, escucharme y saber estar conmigo misma; a entender que es válido decir no a situaciones que no te hacen sentir bien y no pasa nada, al contrario; que uno se debe primero a uno mismo para poder crear empatía con los demás; que ciertas relaciones no pueden ni deben ser forzadas, es mejor la convicción y el amor; en sí, que por muy oscura que esté la noche, amanece con gran claridad si uno decide despertar. Gracias Georgette por aceptar ser parte de mi experiencia, te amo. Para finalizar, me parece que la magia está en el efecto que causa en cada persona lo que sea que Georgette tenga que decir después de tomarte los pies y hacer contacto, vale la pena arriesgarse.

Patricia Ahuja Couturier [Peque]
Lic. en Contaduría, maestra en Desarrollo Humano,
Xalapa, Veracruz, México

Y os rogamos que reconozcáis
a los que trabajan y presiden en el Señor
y que los tengáis en mucha estima
por amor de su obra.
(Carta a los tesalonicesnces, 4:12,13,18)

Llegué al consultorio de la doctora Georgette sumida en una profunda desesperación, enferma de diabetes tipo II y a punto de quedar ciega, con complicaciones por el alto colesterol y aumento de trigliceridos en más de 720mg. La había visto en los programas de Televisa Gente Regia y El Club, en los que ella leía las líneas del pie a los conductors de los programas.

Acudí al Teatro Monterrey, en mi ciudad natal, donde sin más escenario que una mesa y una silla, Georgette logró capturar la atención del auditorio en su conferencia sobre el contacto angelical, y yo, con mucha fe, pedí a mi ángel guardián poder ir a su consulta.

Más tarde, en una firma de libros organizada por el Tec de Monterrey en la feria del libro, ella dio una conferencia y logré entregarle un mensaje solicitando un consulta.

Después de tres meses su secretaria me avisa de la cita concertada.

Al llegar a su consultorio me dice amablemente que me quite mis zapatos y me lee las líneas de mis pies. Quedé muy impactada respecto a lo que ella me decía; ya que, como si fuera un libro abierto, aunque yo una desconocida para ella, me dijo lo que encontró en mis pies. Me explicó en qué consistían sus metodos alternativos y acepté asistir a sus tratamientos.

Yo desde niña tuve paralisis del cual tenía secuelas, toda mi niñez fui a terapia, que en aquellos años era un método muy cruel, me daban choques electricos en la espalda, en la cara me ponían agujas para medir el avance de los músculos.

Tenía que dormir con la cara llena de tela adhesiva y debía restirarme la cara para quitármela y poder asistir a la escuela, con el rechazo de los niños e incluso de algunos adultos crueles.

En la tercera sección de la consulta, la doctora me preguntó si quería saber qué provocó la enfermedad. Tocó un area de mi cuerpo y tuve un retroceso al pasado. Escuché a mi madre cuando yo era una bebé de seis meses, atiborrándome de comida y diciendo "¡Traga, traga, prieta renegrida, lo que no podía ver en mi huerto lo habría de tener!".

Desde niña sufrí el rechazo del ser que se supone debe de querernos más, pero el racismo de mi madre impidió que fuera así; me antecedieron dos hermanas de piel blanca muy bellas de las cuales ella siempre estuvo orgullosísima. Al ser mi padre Moreno, ¿de dónde quería que yo saliera blanca?

No nada más sufrí ese rechazo. Mi abuela paterna, odiándome por ser llamada como la amante de mi abuelo y por ser también ambidiestra, le dijo a mi madre que las que usaban la mano izquierda para escribir eran del diablo.

Es indescriptible cuánto puede sufrir una niña inocente, maltratada, rechazada por la madre, la abuela paterna y, por consiguiente, descuidada al grado tal de haber sido violada por un pederasta.

Cuando era una niñita como de 2 o 3 años y con secuelas de parálisis, mis hermanas mayores me llevaban a comprar verdura y me dejaban con el viejo dueño de la frutería, mientras ellas hacían las compras; el viejo me ponía entre sus piernas, manipulándome por abajo del calzón.

Éstas son sólo algunas de las vejaciones sufridas. A raíz de la consulta, tras ver las líneas de mis pies, la doctora Georgette acepto darme las terapias y tuvo compasión de mí.

Ya en edad de asistir a la doctrina para hacer mi primera comunión, fui enviada a la iglesia sola, sí, con vestido blanco confeccionado con el vestido de novia de mi madre, pero sola y sin madrina. La catequista, apiadándose de mí, me dijo "no te preocupes, yo seré tu madrina".

La iglesia quedaba a cinco cuadras y en esa entonces el sacerdote organizaba un desayuno gratuito, consistente en chocolate y una pieza de pan para festejar el evento.

Esto y muchas situaciones difíciles que a lo largo de 54 años fueron el origen de mi baja autostima y de todas mis enfermedades, que trabajamos en las sesiones en el consultorio de la doctora Georgette.

En una de estas ocasiones tuve una manifestación. Vi cómo unos seres alados en forma de humo y sólo como siluetas me liberaban, como que me sacaban de una botella de vidrio, como que un ser con aspecto de la época medieval y aspecto de gigante me tenía atrapada en ese frasco y se quedó muy enojado al ver que los seres alados me sacaban y me liberaban.

Quiero agradecer por este medio y dar testimonio de cómo he empezado a disfrutar de mi vida y junto con mis seres queridos.

Son incontables los beneficios que a través de su don concedido yo he sido rescatada. Aún sigo trabajando en mi recuperacion. No quiero dejar de dar gracias por el gozo que disfruto. A la hueste angelical y a los grandes seres de luz, los cuales he podido contemplar a través de estas terapias. Son maravillas de las cuales nunca pensé que existieran.

¡Gracias doctora Georgette!

Estoy segura de que Dios la seguirá bendiciendo abundantemente.

Dora Alicia
Enfermera pediátrica, Monterrey, Nuevo Leon.

Bibliografía

CHOPRA, Deepak. *El sendero del mago: Veinte lec-ciones espirituales para crear la vida que usted desea*, Barcelona, Norma, 1996.

CORREA, J.F., *La magia blanca descubierta, o bien sea arte adivinatoria, con varias demostraciones de física y matemáticas*, Valencia, Imprenta de Cabrerizo, 1955.

GARCÍA BACCA, Juan David, *De magia a técnica, Ensayo de teatro filosófico técnico*, Barcelona, Anthropos, 1989.

GIORDANO BRUNO, *Mundo, magia, memoria*, selec-ción de textos, edición de Ignacio Gómez de Liaño, Madrid, Taurus.

HARMAN, Louis. *Cheiro´s language of the hand: a complete practical work on the science of cheirognomy and cheiromancy containing the system and experience of cheiro,* London, Corgi Books, Division of Transworld Publishers Ltd, 1975.

HASKIS, James, *Witchcraft, Mysticism, and Magic in the Black World,* Garden City, N.Y., Doubleday, 1974.

LEVI, Eliphas, *Historia de la magia,* Buenos Aires, Betiles, 1980.

MIGUEL SAAD, Antonio, *La palabra y la magia personal,* México, Iberoamericana, 1991.

MOREAU, Christian, *Freud y el ocultismo: el enfoque freudiano del espíritu, la adivinación y la telepatía,* Barcelona, Gedisa, 1983.

NEWALL, Venetia. *The Enciclopedia of Witchcraft and Magic,* London, Hamlyn, 1974.

PATTISON, Angela; Cawthorne, Nigel, *Un siglo de calzado,* España, Status Ediciones, S.L., 1998.

STONE, Robert B., *La magia del poder psicotrónico,* tr. de Ana Ma. Aznar, Madrid, EDAF, 1984.